少年兒童出版社

不會讀書的孩子

葉宗林 著

不會讀書卻能正面思考，造福社會

「不會讀書的孩子」是一本難得一見的好書，所寫的是見證一個不會讀書的鄉下孩子，長大後成為一位有名的實業家及關懷社會工作者。

葉宗林兄出生於雲林斗南，小時候很調皮搗蛋，斗六初中留級一年，進高中，又留級一年，他的母親急忙設法，轉校到私立天主教正心中學。宗林兄唸初中時，看到阿嬤蒸年糕，用塑膠薄紙做墊底。他發現塑膠紙不透水，薄又輕，於是向阿嬤討了幾張，縫縫接接，裁成雨衣，放在書包以備下雨天用。高中時，聽物理化學老師講「沼氣」，回家看養豬場有沼氣槽，就想辦法，接通管路，將沼氣輸送到廚房給媽媽煮飯，不小心跌入豬糞池，變廢為寶，為家裡省了很多錢。

宗林兄的父母親是傳統的嚴父慈母。父親畢業於淡江大學，繼承祖業務農。宗林兄初中一年級的期末，領到紅字滿滿的成績單，且英文僅二十一分，害怕父親生氣，不敢回家，想離家又沒有辦法，無奈，獨自徘徊到晚上八點鐘才回家。宗林兄將成績單交給父親時，他的爸爸看了成績單，看了媽媽，又看宗林，沒有罵宗林，伸出右手，緊摟宗林的肩膀說：「沒關係！你這個時候書讀不好，不是你的問題，而是你的腦筋還沒開竅，「大隻雞慢啼，等你長大就會開竅」。宗林兄的母親說：「你是聰明的孩子，是一顆寶石，只是還沒雕琢」。宗林兄在正心中學又留級一年，以後也勉強過去。畢業時，聽從校長吳友梅神父的建議，報考中正理工學院專科部被錄取。宗林兄喜出望外，軍校上課比較輕鬆，成績也進步，順利畢業。

宗林兄下部隊後，工作勝任愉快，不久升上尉。此時「天主」賜給他一個緣份相親，認識一位美麗賢慧的小姐，結婚生下麟兒。夫婦倆還在慶幸時，看到孩子的呼吸異常的快又短，於是就醫發現患有心臟病，台北榮總黃碧桃主任做進一步檢查，診斷為「心室中膈缺損併有肺動脈狹窄」，告知宗林兄嫂孩子必須住院開刀。當時，宗林兄官拜少校，毅然決定為孩子放棄將軍夢，申請退休，領一筆錢給孩子做開心矯正手術用。手術成功，經過順

利，不久痊癒。

宗林兄退伍後，憶起自己的雨衣小發明，研發出一系列的雨衣，取名「晨揚輕巧雨衣」，更創立擁有五千多銷售點的「晨竹事業有限公司」。宗林兄又憶起當年孩子患心臟病而奔走的處景，於是創立「中華民國關懷心臟病童協會」。宗林兄，小時候不會讀書，長大成人後，卻能勇敢面對生活，凡事做正面的思考，力求實踐，造福社會良多，令人敬佩。

國立台灣大學名譽教授　呂鴻基

現任：中華民國心臟病兒童基金會董事長
中華民國心臟基金會董事長
中華民國兒童健康聯盟董事長

「愛心」永不停止跳動

家中有心臟病兒童，是父母最大的心痛，為了給心臟病兒童最好的醫療照護，讓他順利成功地渡過難關，接受各項痛苦複雜及長期的檢查及治療後，更要為她設想就學、成長、就業及成家等，是每位父母家長永遠無法避免而必須克服的難關。

認識葉宗林先生已逾二十餘年，因他的公子患心臟病而結緣，二十餘年來，葉先生一直努力為國內心臟病童的福利奮鬥。為了協助心臟病童家長們面臨的困境努力，結合了許多熱心的病童家長們及社會善心人士，與醫護人員合作，成立「中華民國關懷心臟病童協會」，獲得家長們及國家社會的肯定，先後獲得內政部頒發績優社團及和風獎。

這位「不會讀書的孩子」，經歷艱苦的求學環境，嚴格軍事訓練的磨練，再努力面對及克服兒子患先天性心臟病的困境。更發揮大愛，在心愛的兒子心臟病順利開刀痊癒，完成高等學業，順利就業後，將自己從小求學奮鬥，從軍創業成功的經過，完成「不會讀書的孩子」一書。期能為天下的父母家長，提供照顧孩子成長的參考。有幸為他的新書推薦，希望所有的父母親及社會善心人士，給予我們心愛的孩子，特別是帶著特殊殘疾來到人間的孩子，永不停止跳動的「愛心」。

陽明大學醫學院小兒科
台北市立聯合醫院忠孝院區院長　黃碧桃 教授 謹誌
中華民國一〇〇年八月十日
現任中華民國關懷心臟病童協會名譽理事長

我是個不會讀書的孩子

如果妳（你）的孩子在學校考試，得了97分，你會為了孩子少得3分感到惋惜？還是會為了考97分而鼓掌？如果孩子每次都考100分，你會真的開心嗎？孩子會真的快樂嗎？而假若孩子考60分都不到，留級再留級！不斷地留級！家中有個不會讀書的孩子，你會怎麼做？罵他、打他、激他、怨他、逼瘋他、還是逼瘋自己？在一連串的責怪之前，有想過這孩子為什麼不會讀書嗎？曾很客觀的找出孩子不會讀書的原因嗎？看到社會上很多不會讀書的小孩，因不被了解、因教育錯誤、因家長學校不尊重孩子的特質，而讓孩子在苦悶中渡過，得不到適當的協助與學習，就像我是個不會讀書的孩子。

庭園松還是大樹，大發明家牛頓還沒出生，父親就過世了，母親不久也改嫁了，他從小由外婆扶養長大，個性有點孤僻、內向、害羞。出生在偏僻村落，從小家裡也沒錢請名師來教，在學校的功課，從小學到中學，成績都差到不行，可是他對於一切不明白的事務都很感興趣，並且會不厭其煩的動

手去做實驗，因此日後的成就，光芒萬丈！而另一位劃時代的偉人愛迪生，他真正受過的學校教育只有3個月，因為他那愛發問的習慣，令學校老師大為光火，媽媽只好把他帶回家自己教導。這二位偉人的學習歷程似乎說明了一件事，那就是，學校的課程內容的設計並不適合他們。因為每個人的特質不同，正規的學校教學模式，根本無法滿足不同特質的孩子，可見「因材施教」是非常重要的，但是在這個大環境下，明星學校、明星老師及成績掛帥的學習制度，使孔夫子這個「因材施教」的教育理念，無法發揮得淋漓盡致，苦的卻是那些學科考試成績無法被認同的孩子！

讀大學不是唯一選項，漫步在雲端，世界大不同。網路的無遠弗屆，現在已是一個雲端的年代，雲端是一個大舞台，世界上只要有網路，就有的共同舞台。只要你有才華，只要你有實力，只要你有特色，你就能在全世界的面前盡情的演出！就像英國的蘇珊大嬸、台灣的林育群（小胖）！

這本書中我以過來人的經驗，訴說不會讀書孩子的心路歷程和期盼……。比較幸運地是當時的我，由於爸爸媽媽有等待的智慧，寬容和鼓勵我往興趣與專長去發展，教我學會做人、做事，比成績好更重要，這種尊重個人特質的教育方式，改變了我的一生！使我不致於為了逃避無窮無盡課業壓力而誤入岐途。為了希望更多父母和老師能了解不會讀書孩子的困惑，及對待不會讀書孩子的方式，我僅提供個人求學、創業、創協會的經驗和人生觀，和大家分享這份成長的心路！期待這份一點點的人生體驗，能夠貢獻成助人的「開心禮物」，讓更多不會讀書的孩子，能得到更好的對待方式和學習方法！

不會讀書的孩子，只是科考成績差些，但聰明才智並不比人低落，只要教育者找出學生特質，用對方法、多用點心，多給孩子肯定、包容及愛的鼓勵，相信每個孩子都能發揮特質，創造奇蹟，一樣生活得幸福美滿！

不會讀書的孩子——葉宗林2011.8.18

目次

第一部 在肥沃的泥土中成長 17

植物要長得好，首先要有一個好的環境，有好的肥料，好的土壤，好的氣候，好的水份和陽光，種種條件，可以讓一顆普通基因的種子，長成大樹……

第二部 生活用點心，空氣變黃金

你有創意嗎？生活中處處有黃金，只要你多用點心，發揮創意，一個意念或許可能造就百億商機。

第三部 愛的生命樹

孩子，你是上天恩賜的禮物！

第六部　感謝 179

第一部　在肥沃的泥土中成長

植物要長得好，首先要有一個好的環境，有好的肥料，好的土壤，好的氣候，好的水份和陽光，種種條件，可以讓一顆普通基因的種子，長成大樹……

1 放牛班不放牛

身為長子的我，從小受盡寵愛，我的嚴父除了在日常生活習慣和品德教育方面，用嚴刑峻法管理要求我之外；媽媽對我一如她的容貌端莊可人，和藹可親的對待我！

小時候我是一個非常調皮搗蛋的孩子，從我有記憶以來，就是一個「破壞狂」——喜歡抓到東西就拆，拿到工具就搞，不管什麼東西，只要一拿到手裡，腦海裡馬上閃過要如何拆解和如何重組的畫面。由於我是長子，受盡父母長輩的寵愛，時常有種種玩具可以玩，但除了玩具以外，其它家中的電鍋、電風扇、抽水機、馬達、收音機……等日常用品也是我「破壞」和「重組」的對象。

隨著年紀漸漸增長，六歲就上了小學，國小是個快樂學習的年代，當時斗南還是個以農為主的鄉下地方，學校的同學大部份都是務農人家的小孩，而我的爸爸是嘉義中學到淡江大學（英專）英文系畢業的高才生，剛開始在學校當英文老師，後來為了繼承祖業才放棄教職務農，他早年受的是日式教育。媽媽是一位溫柔賢淑的家庭主婦，有深厚的學養內涵和禮教修養，對我們小孩非常溫柔慈愛。也許是這樣的家庭環境背景，所以讀國小的階段，我在學校學習的一般課業成績，還算中上。

上了初中之後，學校課程一下增加了好多，物理、化學、數學、生物、歷史、地理和國文，種種學科都是國小沒有的。而課本內容和國小落差非常大，書本中的內容、邏輯，對我來說是完全陌生的，那些學科都是我從小概念中沒有的東西，每到上課的時候，尤其上物理和化學，我以為那是外星人讀的書，好像跟我一點關係都沒有，不管我怎麼認真學習都無法理解，我並不想排斥「它們」，但我真的無法進入它們的世界和它們做好朋友。所以我的物理化學從來沒考及格過。

數學又是另一個令我頭痛的科目，到了初中之後，代數，幾何……每當老師講一個新項目，說真的，我完全聽不懂他在說什麼？有時我憑著國小的記憶，努力想聽明白老師在講台上辛苦講解的是什麼東西？但是往往努力聽到第三句之後就放棄了，因為即使我很想專注的聽，但真的不知道老師每一句話裡，到底是什麼意思，更不要說一整節下來，他到底說了些什麼？每當聽不懂的時候，其實我心裡非常驚慌，我真的很努力想聽懂老師到底講了什麼？但除非是有多拉A夢或超人來幫我，否則不懂的也不會變成懂。

至於英文課就更恐怖了，黑板上那些符號，長得奇奇怪怪的，老師嘴巴裡吐出來的發音，比原住民同學的原住民語，還難分辨音和音之間的差別，何況這些符號，怎麼聯想啊，每個字的組合不同，發音就不同，意思也不同，學這些符號和音就算了，最難的是文法，人又要分第幾人稱，又要單複數，又要分過去現在和未來，英文文法的分法，好像也切割了我過去的快樂，現在學習的痛苦，和對未來的茫然。唯一好玩的是倒裝句，一個句子竟然時間放在最後面，例如：我明天要去看電影，硬是要說成：我要去看電影，明天。

別的科目學不好就算了，英文學不好，我真的覺得很對不起爸爸，因為爸爸曾是英文老師，有段期間在斗南中學教英文，而我的課業包括父親最擅長的英文都那麼差，一學期下來，成績都是滿江紅，每當同學和鄰里間的大人們在談論孩子的成績時，我都羞愧的無地自容。

不知有多少次，為了爸媽關愛的眼神，我想好好努力，但上課時卻什麼都聽不懂，不懂，不懂，每天的不懂都更加深一點，越來懂越不懂，上課對我來說真的非常痛苦，坐在椅子上的每一分鐘都是煎熬，每一秒鐘都非常害怕，害怕老師叫我回答問題，有時老師開始要點名叫同學回答，我就像那個等著要被槍殺的罪犯，心裡祈求著千萬不要叫到我，有時覺得頭皮在發麻，有時怕到胃抽筋。

國一開始，這種日子，日復一日，每天上學都是這麼煎熬，日子久了，我漸漸由害怕轉成了逃避，除了被迫非坐在教室裡好好聽課之外，其它的時間我就選擇忘記，忘記一切所有和學校課堂有關的東西。我好像得了失憶症，每天只喜歡玩，一到學校就想打瞌睡，課堂上老師講什麼，就當是外星人在講話，反正完全有聽沒有懂。

對於這種情況，其實我不是玩得很放心，不管如何，上課的時候我的心還是很慌，因為我的良心還是因為成績太差，一直在譴責自己，不知有多少次，我還是暗暗地試著，很努力的去聽，也很努力的去抄去記，但是所有文字的組合，完全看不出它的意義！即使抄錄下來的東西，字與字之間也看不出來那到底有什麼關係？那些在我概念之外的東西，真的是外星人講不清地球話。

上課既然再怎麼努力都聽不懂老師講什麼，那每天最快樂的事就是盼望下課。上課等下課，一到下課就衝到操場和同學一起快樂的玩，玩衝關、玩彈珠、玩籃球，只要在操場上衝來衝去，就像飛出鳥籠的小鳥，終於可以自由展翅，快樂的翱翔。

除了玩遊戲之外，有時在上課中，有時在下課時，甚至早上第一節下課，我就吃便當了。一個便當放在書包裡，裡面有好吃的菜飯，在那個沒有零食可吃的年代，有便當可吃就是一個最大的滿足。我時常早早，就把帶到學校預備午餐的便當吃光了，到了中午大家吃便當時，我不是發呆就是睡覺，不然就跟同學一起跑到操場玩。

放學後回到家裡也從不做功課，在整個國中階段過程裡，有好幾次遇到好老師，對我格外用心，希望我成績會變好，尤其到了寒暑假及每個星期日，教官都要求我們這些放牛班的孩子到校自習。但是再怎麼認真自習，不懂還是不懂。

2 留級又留級，再三地留級

面對這麼悽慘的功課，在那個還有留級制度的年代，我的初中就這樣留級了一次，接著高中又留級了一次，轉校後，仍然沒有跳脫命運的魔咒，我的高中念了五年！

第一次拿到留級成績單時，我猶豫，我害怕，我不敢回家。獨自留在斗南火車站，很想離家出走。更想讓下一班火車，載我離開這傷心的地方。但是，我怕家人找不到我會更傷心難過。於是待到晚上八點，肚子好餓好餓，走投無路，我還是回家。

留級！當母親含淚把我留級的通知單交到父親的手上時，我頭低得希望世界就此靜止，真想死了算了！我想父親要捉狂了吧？真害怕父親看到成績單的剎那，會一拳揮過來！但是時間一分一秒地過去，父親的眼睛，上下流覽了成績單好幾回，臉上並沒有什麼特別的表情，他並沒有罵我，只是看了看母親，然後看了看我，沒說什麼，就把成績單交到母親手上，突然伸出右手，摟緊我的肩膀，極其和藹的跟我說：「沒關係！你這個時候書讀不好，是你的腦筋還沒開竅！『大隻雞慢啼』慢慢來！等你長大一點就會開竅了！」

聽到爸爸這麼說，我頓時放下了心中大石頭！眼淚一時像噴泉般湧了出來，止不住的淚水，讓我嚎淘大哭，父母用寬容的心，接受留級的兒子，一句責罵都沒有，讓我更羞愧，我好氣自己，為什麼就是比別人笨。現在回想起來，隨著年歲的增長，對於當時父母接受一個，一再留級的兒子，沒有灰心，也沒有責罵，等待我成長的智慧，溫暖我一輩子，也改變我一輩子。他們的愛與寬容，讓一個不會讀書的孩子，沒有變壞。

斗六初中讀四年，才勉強畢業，到了斗六高中，又多讀一年，還是讀不來，母親把我轉學到私立正心中學！當年的校長是吳友梅神父，老師及舍監吳森雄先生，都很有愛心。我那時已留級二年，我媽媽卻說我是個聰明的小孩！我是一顆寶石，只是還沒有雕琢！

正心中學是一個教會學校，愛的教育做得很徹底，對學生特別有愛心！我進了正心中學，一年級結束後，再度留級，第三次的留級，讓我更加自卑，所以我刻意的選擇遺忘，將那些我無法承受的痛苦回憶，全部打包！

在這不斷留級的過程中，爸媽都沒有嚴厲責備過我，但是父親對我生活習慣的要求卻很嚴格，例如使用過的工具，如果沒有立刻歸位，他會非常嚴厲的要求我，甚至連吃飯的餐桌禮儀、筷子的拿法或者對師長、親友長輩的禮貌等等，這些日常生活中，我以為是瑣碎的小事，他卻要求我一定要照儀軌來，絲毫不容許我馬虎懈怠！

3 爸媽等待的智慧——我是快樂的小小發明家

動動手，動動腦，父母用尊重與趣的心，
讓我成為快樂的小小發明家……

每一次成績單下來，面對滿江紅的成績，爸媽不但沒有責怪我，還一次又一次的安慰我，母親曾經說過的那句話：「你是聰明的小孩，就像一顆寶石，還未雕琢而已，現在你還小，腦筋還沒開竅！等到有一天你開竅了就好了！」那時這句安慰的話，頓時讓我恢復了些許信心，相信只要自己長大一點，一定會變聰明，心裡也不會有不如同學的心結，覺得自己並不笨哩！因為除了必須乖乖的坐在教室裡，聽老師講板書的課程之外，其它需要用手動的工藝課、音樂課或美術課對我來說，不但一點都不困難，還非常有趣，甚至讓我十分期待上課時間趕快來！尤其是工藝課，是我最期待的！

雖然，當時我是個不會讀書的小孩，但卻喜歡動動腦，動動手！還記得初中時就讀斗六中學，每天通勤一個半小時，有時遇到臨時下雨，騎著腳踏車的我總會被淋成落湯雞，感冒發燒一來就好幾天，媽媽心疼我體弱多病，禁不起淋雨，往往不分晴天雨天，總在我的書包中放著一件又厚又重的大雨衣，隨時讓我有備無患。但是這樣大的一件雨衣，往往就占掉書包一大半空間，我的書包便又厚又重，因此我常常偷偷拿掉雨衣。直到有一天沒帶雨衣又被淋成落湯雞，被母親發現，她雖然沒有責備我，但卻把雨衣改成雨傘！也許媽媽想雨傘比大雨衣輕吧！可是雨傘對一個，騎腳踏車的學生來說，一手握車把，一手打傘，這樣騎車更危險，何況只要風雨大一點，打了傘還是一樣淋成落湯雞。

對於這個問題，一直困擾著我，於是這個雨衣的問題不斷在腦海裡打轉，腦海中彷彿有個聲音一直告訴自己，一定要想辦法解決！有一天看到奶奶在蒸年糕，她把年糕材料混合後倒入蒸籠的時候，底下襯著一張薄薄的塑膠紙，既薄又不透水，……既薄又不透水……既薄又不透水……嘿嘿，這個忽然閃過的念頭，好像打雷一樣擊中我……嘿嘿……雨衣，我要做的雨衣有材料啦！

於是賴著阿嬤，伸長脖子要她給我幾張年糕紙。等一拿到年糕紙，便興高采烈的把書包裡的雨衣，拿出來做比對，把年糕紙比照雨衣樣式，剪裁了我生平第一件雨衣！

剪裁好的雨衣，我先是用針縫，縫了又縫，好不容易經過幾天的加工，終於完成了一件雨衣，雨衣完成後，接著的每一天都期待著下雨天的來臨！

好不容易盼到了下雨，我迫不及待的穿了特製的雨衣去上學！結果到了學校衣服還是濕了一大半！因為我用針線縫製雨衣，雨水隨著針孔縫隙流進來。為了補這個孔，回家之後，就用強力膠和年糕紙將孔洞補起來！後來改用薄薄的塑膠布去做，第二天帶著我的新戰袍去上學。

這次的雨衣就很完美，既輕便又不佔空間，收起來只占書包一點點地方，心中很滿意！可是由於整件雨衣縫了又縫，補補貼貼的，同學看我穿這樣的雨衣，不是笑我：「沒種淋雨……」，就是笑我：「你穿的是太空衣哦！神經病在穿的」對於同學的笑罵，我一點都不在意，因為我用我自己發

明的方法，自製了輕便雨衣，也對自己解決了淋雨感冒的問題，感到自豪！

高中的時候，已經有了些物理化學知識了，除了這件自製的太空雨衣之外，那時候家裡務農也養豬，養豬場裡有座沼氣糟，我為了讓媽媽方便利用長距離外的沼氣煮飯做菜，便自己動手想辦法改裝，接通輸送沼氣到廚房的管線，我觀看了幾次之後，利用U字型管排除路中積水，順利把沼氣輸送到廚房給媽媽煮菜，由於設計成功，也為家裡省了很多的燃料費。在這次施工中，因為太專心管路的配製，還一度不小心跌入豬糞池中，弄得滿身臭味，喝了好幾口大補湯，肚子痛了一個禮拜，這件糗事從此成了家人茶餘飯後的笑料。將這些憑空想像，從無到有的小小發明，運用到生活上，在自己年少的心中，有一點小小的成就感，也恢復一點小小的信心。

回顧人生的這段學習過程，從小學到高中畢業，能安慰我的科目只有音樂和工藝！曾有一度，我差點選擇音樂做為主修課程，但在媽媽的反對下，我放棄了！

初中上工藝課時，遇到了一位很特別的工藝老師——林玄文老師，他給了我一個觀念，他說：「工藝不只是照著做，它是一種創作，是創作者思想情感的表達！想讓作品成為什麼？它就會成為什麼！」林老師的這句話，給我很大的鼓舞！在我求學階段，工藝老師影響我很大！

高中時另一位工藝老師林德興老師，更讓我對工藝有發揮的空間，林老師除了教我許多工藝創作之外，他讓我進到工藝教室多了解，教我維修機器、教我擦機器、教我拆機器、如何保養線具機、如何使用刨床……等，這影響我在考不上大學時，改報考中正理工學院的決定，結果幸運地考上了電子工程科，改變了我的一生。

4 孩子為什麼不會讀書？

每一個人都是一個主體，尊貴而獨一的主體，有著平凡的基因，也有著無限創造的元素，對於孩子的種種特性，學校的教學方式有沒有像佛法的八萬四千法門一樣，給不同的學生有針對性，且獨一性，專為這個孩子設計的學習方式……

人類從遠古到現在，為了生存學會了種種謀生的技能，這些技能，可以滿足生活中各種物質的需求，一般來說專業技能稱為知識；而用於認識和了解知識最好的方法，便是智慧。人類一代一代傳承了知識和智慧，這些生存的本事，也一代傳一代，上一代教給下一代，這種本事的記錄與教學，主要是為了讓後人，使用起前人的知識經驗，來得更得心應手，於是有了教學這件事。

我是一個從小不會讀書的小孩，是一個留級了三次的放牛班學生，關於學校的教育這件事，我比成績好的學生，感受可能深一些。我留級的那些年裡，在後來幾年的歲月中，事前的原委似乎漸漸鮮明，這讓我思考了幾個學校學習的問題？

古往今來都有學校，學校的功能就是教學，但學校究竟怎麼教學，又到底學校教些什麼？古人說：傳道，授業，解惑。但是學校到底傳了什麼道？授了什麼業？解了什麼惑呢？學校教學內容是什麼？是由誰來選定課程內容？而這些教學內容由誰來教？這位教學的老師，用什麼方法來教？他又教了什麼樣的孩子？他有沒有好方法讓學生簡單學會要學習的課程？他到底會不會教？被教的這位學生是一個怎樣的學生？假設現在老師教他的是數學課的三角涵數，那麼又有幾個問題要想想：

這門數學課內容是由誰編寫的？內容編的好不好？這門數學課是由誰來任教？教師有沒有一個好的方法來講解？這個學生對這門課有沒有興趣學？能不能接受？又假設這個學生上了這門三角涵數之後，考試成績得零分，是不是所有的責任，都是這個學生的問題呢？

如果我們以知識本身來說，古往今來的知識，萬萬千千種，這個學生學不會這門三角涵數，人生是不是應該從此變成黑白的，從此以後就該低頭嘆氣，活在三角涵數學不好的陰影中，過一輩子呢？從此就沒有其它出路了是嗎？不會吧！沒有這麼嚴重吧？總還有工作不須要用到三角涵數吧！

5 庭園松還是大樹

植物要長得好，首先要有一個好的環境，有好的肥料，好的土壤，好的氣候，好的水份，和陽光，種種條件，可以讓一顆普通基因的種子，長成大樹。

如果我們以人的價值性來說，人是一個自我的主體，每一個單一個體在這個宇宙中都是獨有而尊貴的，這個個體在來這個世界上的時間裡，會有一個怎麼樣的人生，其實有無限的可能性，除了被動的接受學校的知識，古今文化的資源之外，他還可以有無限的創造力，可以從無變有，也許世界因為他，創造了更偉大的知識，推進人類文明更進一步，古今中外的發明家不也都是這樣嗎？這些發明家，他們從小每一個學校的分數都考得很高嗎？我們看看大發明家牛頓好了！

西元一六四二年艾薩克・牛頓(Isaac Newton)在英國林肯郡的一個農夫家

出生，由於農家的生活條件不好，牛頓本身又早產，身體很虛弱，所以一出生，醫生就認為他活不下來。

牛頓還沒出生，父親就過逝了，母親過不久也改嫁了，他從小由祖父母扶養長大。也許家庭環境的關係，牛頓從小很孤僻，十二歲就讀格蘭特罕區國王中學，一直到十四歲，他的在校成績都在平均成績以下，平凡到不行！

身材矮小的牛頓，十四歲那年發生了一件改變他一生的事情——那就是他受不了同學不斷的嘲笑和侮辱，和一位個子高大的同學扭打了一架，這一架一打成名，因為瘦小的他，打敗了高大的同學，化不可能為可能，打贏這一架，是牛頓從小到大唯一一件受同學朋友讚佩的一件事，這件事是最令他一吐鬱氣的一件事，或許他的心中得到寬慰與平衡，從此以後他不需要人督促，自己會主動用功讀書，十八歲那年進了劍橋大學三一學院深造。

這時的牛頓對光學很有興趣，尤其三稜鏡所造成的彩虹效應，和二項式定理數學的研究，更是讓他廢寢忘食地不斷試驗和研究，這顆興趣的種子，蘊藏、發芽，累積到一七〇四年，終於把成果變成改變世界的《光學》這本書，對後世影響深遠。

一六六六年，牛頓二十四歲，發生了件可以留傳千百代的大事……一個午後，蘋果掉在牛頓午睡的地面上——重力理論的數學式從此被發現。往後幾年因為他不斷的在數學上創新和研究，牛頓不但成為劍橋大學盧卡斯講座教授，還親手製作出有史以來第一台反射式望遠鏡，他甚至還曾經在實驗室裡做煉金術研究……。

牛頓逝世已超過三百年，但他的成就還嘉惠現代人。由牛頓的成長環境來看，那只是一個很平凡的農人之家，沒有顯赫的家世，從小家裡也沒有錢請名師來補習；在學校小學中學成績都差到不行，可是他日後的成就卻光芒萬丈！

另一位「問題」兒童愛迪生（Thomas Alva. Edison），更是一位不會讀書的孩子的代表。一八四七年愛迪生出生在美國俄亥俄州，他從小就是個「問題」兒童，因為他對於任何都喜歡問「為什麼？」，除了問「為什麼」之外，也喜歡親手做實驗。

有一回他問媽媽為什麼老母雞總是喜歡坐在雞蛋上？愛迪生得到答案後，也學母雞孵蛋，結果把一窩蛋壓碎了。

又有一回，老師告訴他，毛皮摩擦可以生電，愛迪生就便捉來兩隻大貓，把兩隻貓尾巴綁在一起，想使牠們的毛皮摩擦生電……關於愛迪生愛實驗最著名的是，當他問起火藥是怎麼製作的時，結果在耶誕節前夕，燒燬了大半個糧倉……

這位改變世界的大發明家，他的就學受教育史卻只有短短的三個月，由於不適應學校的教學方式，十二歲那年，愛迪生就開始在休倫港和底特律之間往來的火車上當報童，除了賣報紙和一些糖果、點心之外，愛迪生在工作同時，也不放棄熱愛的實驗。在那段期間，他學會了基本的電報技術，便在火車上作實驗……，漸漸地也把一些化學藥品、實驗器材搬上火車實驗，直到有一天，因實驗發生意外，車廂燒了起來……，忿怒的管理員，把愛迪生所有的實驗器材丟出火車，同時愛迪生也一併被開除了。

愛迪生後來又回到鐵路局擔任晚班的報務員，鐵路局規定，報務員需每一小時發一次訊號給車務中心。於是愛迪生便發明了一台自動定時發報機可以主動回報消息，但在一次查勤中，車務主任發現愛迪生正在睡覺，為此愛迪生又再次被鐵路局開除！

對於這樣沒有受過學校正規教育的愛迪生，他卻陸續於一些電信、電報公司，靠著對機械的瞭解，和優良的維修技術，製造和改良很多事務機器，如：黃金行情顯示器、股票行情顯示器、金價印刷機等商用機器，同時研發、承製各種科學儀器。到了一八七六年，愛迪生在紐約「夢羅園」，成立了他的實驗中心，就是「愛迪生發明工廠」。這裡擁有精密的設備儀器，還有一批才華卓越的各類專家。

一八七六年到一八八七年間，愛迪生和他的科學家們，在這裡發明了種類繁多的科學研發，這些發明包括：同步發報機、愛迪生複印機、改良電話機、留聲機……以及影響世界最多的電燈，電燈的發明讓人們夜晚變白天，為了讓電燈更好用，又研究出並聯電路、保險絲、絕緣物質、銅線網路等附加設備、一八八八年的電影攝影機、一八九六年的電影放映機，和「愛迪生鎳鐵電池」……。

愛迪生是有史以來，最受崇敬的發明家，他的創新和發明，使人們的生活直接享受到他的發明成果。總計愛迪生一生共計二千多種發明，這些發明受惠者包括醫院、工廠、火車、電梯……，和人們許多日常生活所需，他的發明提供了人們生活方便性和舒適性。

愛迪生這樣一位改變世界的偉大的發明家，真正受過的學校教育只有三個月，因為他那愛發問的習慣，令學校老師崩潰，媽媽只好把他帶回家，自己教導。她知道學校固定的教學方式，對於愛動腦的愛迪生是不適合的求學方法，對愛迪生這種特殊孩子，媽媽除了教導愛迪生讀莎士比亞、聖經、典籍、史書之外，只提供那些有關自然科學實驗的書給愛迪生，讓愛迪生用自己的方法去學習知識，由於媽媽的理解認知，沒有強逼孩子在不適合的學校裡，痛苦的學習，這給了他自由學習的空間，也改變了這孩子的一生。

另一位劃時代的偉人愛因斯坦，他的學習過程也和牛頓差不多，在他還沒開竅找到自己的學習方式之前，小學、中學的學習成績也很平凡。這二位偉人的學習歷程似乎說明了一件事，那就是，學校的課程內容的設計並不適合他們。

因為每個人的特質不同，正規的學校教學模式，根本無法滿足不同特質的孩子。可見「因材施教」是非常重要的，但是在這個大環境之下，明星學校、明星老師及成績掛帥的學習制度，使孔夫子這個「因材施教」的教育理念，無法發揮的淋漓盡致，苦的是那些成績無法被認同的孩子！

以學生個別差異來說吧！課程內容沒問題，老師教法沒問題，那學生呢？據專家的說法，教學法有左腦式教學法，右腦式教學法……。而學生的學習型態也有不同，有些孩子屬於聽覺型學習者，上課的時候不管老師用什麼方法教，這個孩子只能用耳朵學習，他必須用聽的才學得會老師教的東西。在黑板上書寫式的教學，對聽覺型的孩子來說，效果是不大的。另一種孩子的學習方式是，記憶型學習者，這種型的孩子，老師寫板書對他而言，就能接收的比較好。

另外還有一種是觸覺型的學習者，這類的孩子，必須透過實際用手或身

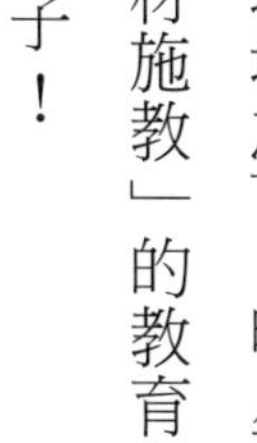

體觸碰才學得會，例如：開車，打字，工藝或做各種實驗，以上種種類型，實在不能以學校單一教學方式，所得到功課考試成績好或不好，就蓋棺論定這個孩子的將來沒有成就！

所以，如果有一個孩子，他在學校的功課並不好，身為這個孩子的父母，或許想法跟態度都該轉個彎，當孩子在人生旅途中遇到了暴風雨，是否先為他們準備一個安全的港灣，再好好找出這孩子的興趣與特殊才能，然後加以鼓勵、培育，讓這個孩子的特質可以得到最好的發揮，或許能造就一個未來的偉人也說不定！

6 孩子不會讀書的原因

千萬個理由，找不出一個為什麼？
因為你的孩子是獨一無二。

除了孩子本身學習的個別差異之外，造成孩子學習效果不好的原因還很多，一個生長在白領家庭和一個生長在市井家庭的孩子，上學前在家庭裡所受的文化不同，學習的結果也會有差異。

一個孩子如果一生下來，父母就怕他輸在起跑點上，在正常的家庭裡，從胎教到伴讀，到各種才藝的教學，都有很好的學習環境，和一個生長在三餐不繼、父親失業、母親又無力謀生等種種困境下的孩子，從小環境和別人差距就很大，在這樣差距下成長的孩子，如果有很好的成績，那可能是天才來轉世，如果書讀不好，要責怪他之前，是否先了解一下，生長環境對他的影響。

除了環境的影響之外，孩子的父母也扮演了很重要的角色。父母的身教、言教、生活習慣、處事態度等，往往也會影響這個孩子的學習成果，父母的身教不能說服自己的孩子，那言教又有什麼用？孩子往往最初模仿的對象是父母的所做所為，希望孩子好之前，也要先檢討一下身為父母是否扮演的很稱職。

等孩子到了學校，遇到什麼老師會有什麼結果，前面已經提過了，但孩子和所遇到的老師，師生之間的相處是否合諧，也往往影響了學生的學習。假如一位老師一直排斥這個學生，而您希望這個學生可以學好這位老師教的課，這簡直是不可能的任務，因為對於一個不友善的老師，學生對他排斥、逃避都來不及了，怎麼還可能接收到他的教學。學習者往往因為對教學者心悅誠服，才會願意打開耳朵，打開心，打開大腦，用心學習。

而孩子本身的人格特質，往往也是學習的關鍵，他是一個感性的孩子，還是一個理性的孩子，接受學習方法，便會有很大的差別。基於以上，想要求孩子有好成績之前，這些存在的問題，做為家長和老師，似乎需要先想清楚！

7 不會讀書的孩子怎麼辦？

人生的道路無限寬廣

孩子在成長過程中，在學校學習成績不好，身為父母的人該怎麼辦？不會讀書，成績不好，是不是這個孩子一輩子就完了，沒有其他機會了呢？其實在現實社會上有些同樣不會讀書的孩子，我們來看看他們長大後，現在過得怎麼樣？

以工作成就來說，中國海專畢業的郭台銘先生，從一個普通的學校畢業、到創業、到成立鴻海集團，現在的工作成就如何？棒球打得好，讀書成績一樣不好的王建民，只愛玩音樂不愛讀書的周杰倫，高爾夫球國手曾雅妮已為各種比賽賺進上億元獎金，還有那位到世界冠軍的麵包達人吳寶春……還有無數的董事長、總經理們，社會上認為成功的人，他們在學校學習過程中，不一定有亮眼的成績，但沒有亮眼的成績，未必就沒有亮眼的人生。

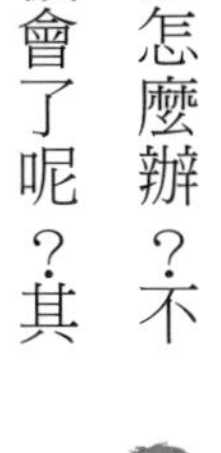

這些數不盡小時候不會讀書，但後來人生很亮眼的人，他們的父母是怎樣對待這樣的孩子？而這樣的孩子又如何看待自己學習過程中的不如人？最後他們如何達到今日的成就？

不會讀書的孩子該怎麼辦？或許我們該為這樣的孩子找出他們的特質，找出他們的興趣，找出適合這個孩子學習的方式，找到適合發揮他們個人特質的地方，讓個人特質用力發揮，在體育，音樂，舞蹈，美術，創作，唱歌，美容，美髮，美食……每個領域都可以創造非凡成就，家長對待一時不會讀書的孩子，應以開濶的心，接受孩子跟著興趣走，在樂趣中找到自己的人生之路。

8 主動學習勝過逼迫

為了求解答，不得不找答案，這是最好的學習方式。

以我自己來說，當我考上中正理工學院時，覺得上天並沒有放棄我，還願意給我一次機會！感覺自己好像從混沌中突然清醒過來，這或許就是我爸爸說的，我的頭腦開竅了。這時除了自己上課認真之外，課餘時間幾乎都在圖書館，找資料，讀書……包括假日也都沈浸在書堆中，這個時期好想把小時候沒讀到的書都補回來！在那段時間，我學到了很多專業知識！

不會讀書的孩子，不會變壞，根據《卡爾・威特的教育》教育理論，認為對兒童的教育必須與兒童的智力曙光同時開始，教育才能發揮最大的學習功效。並不是每個小孩的教育都開起始於七八歲，也不是越早或越晚學習是最好的方式，而是每個小孩因應本身特質不同，成長到一個階段，會發覺自己想要的是什麼？那個時候再給予該給的教育，才會有最好的結果，身為父母真的需要有等待孩子成長的智慧，也許有一天孩子會了解他自己要的是什麼？如何去追求他所想要的人生，像我從初中開始，一再留級，一直到大專才開始讀書！這中間如果沒有父母的包容、鼓勵和支持，也許我就不是現在的我！為此，再一次感謝我父母為我付出的一切！

9 學歷高不如專業夠

有專業才有事業！

郭台銘、王建民、周杰倫、吳寶春……還有無數不會讀書而有成就的人，他們的成功說明了一件事，這是一個多元價值的社會，成功可以在各行各業，不止限定在讀書這個行業別裡而已。而他們之所以能成功，還說明了這是一個專業的年代，現在教育這麼普及，走在路上迎面而來，三個人就有一個是高學歷。但高學歷不代表高專業，高學歷不一定可以擁有好的工作，因為人人都高學歷。只有高專業，發揮自己個人特有的專長，能和群體區別，才可以開創出屬於自己獨特的天空。

10 學會做人比成績好重要

和分數相比，品格教育更重要！

人際關係決定孩子的未來，出社會後的競爭能力！根據研究指出：一個人賺的錢，12.5%來自專業知識，而來自於人際關係卻高達85%。研究更指出：被解雇的員工中，因為人際關係不佳被解僱的竟占了95%。

有沒有能力和別人相處，比會做事的孩子更容易在社會上生存！所以不要只期望你的孩子考試成績有多好，只會讀書不會做人，從小人際關係不好，對孩子長大後才是嚴格考驗的開始。

如何教育孩子長大後有很好的人際關係，父母親對我的教育方式給了我很大的啟發，從小到大，甚至到進入社會上做事，在每個困境中都遇到很多貴人的幫助，現在想想，都要歸功於父母給我好的家庭教育及正確的價值觀。

父親從小受傳統文化熏陶，以及爺爺樂善好施的精神，對他更是影響鉅深。這樣的禮教規範，讓我長大後在這個競爭激烈的商場，不但沒有樹敵，還能化敵為友。這讓我深深的感受到，與其從小要求孩子的學習成績要好，不如先要求他們的品格教育更重要。

11 愛的鼓勵也會創造奇蹟

二〇〇四年四月十一日接受母校—斗六高中，頒發「傑出校友」獎！

一個不會讀書的孩子，一再留級重讀的學生，那來這份榮耀？曾在廖福榮學長擔任校長的期間，我仍走不出自卑，一再婉拒廖學長要我回母校演講的邀約！如今，在斗中旅北校友會會長李錫津學長及總幹事劉文正學長的用心與推薦下，於二〇〇四年四月十一日，我帶著忐忑的心情，回來接受「傑出校友」頒獎。回想過去與現在，頓時，心中真是百感交集！

李錫津學長來自教育界，經歷豐富，曾任職松山商職、經歷建國中學校長及台北市教育局局長。他用「愛的鼓勵」給我信心，幫助我尋回童年的「開心」！李學長他也很「開新」！在台北市教育局局長任內，幫我推薦了一張「不會讀書的小孩」的光碟片，那是接受教育廣播電台節目主持人陳雅卿小姐專訪而錄製的，內容提到我：留級三年，爸媽如何用等待的智慧、溫暖的擁抱、包容與耐心鼓勵我發揮專長與興趣，改變我一生！

期待所有的校長、老師、家長，都能善用「愛的鼓勵」，幫助孩子們創造奇蹟！

第二部　生活用點心，空氣變黃金

你有創意嗎？生活中處處有黃金，只要你多用點心，發揮創意，一個意念或許可能造就百億商機。

1 將軍失去了戰場

從踏上中正理工學院的第一步開始，要在科技戰場上開疆拓土，走一條科技將軍之路，已成了不能選擇的必然之路……沒想到一個意外，上天給了我另一條人生路……

自從考上中正理工學院電子科之後，也許是環境很適合我，也許像父母一直安慰我的話：「你不笨，你很聰明，只是還沒開竅！」這時好像學習曙光到了，我真的開竅了，在中正理工學院首重科技教育，好像突然間知道了自己想要做什麼，於是開始除了上課之外，課餘時間會去找資料，常常上圖書館及書局，也許由於努力吧，課業上也得到了肯定！

也許成績上得到鼓舞，那個高中時期參觀「陸軍官校」校慶典禮的將軍之夢，就成了我進學校以來一直都希望到達的目標，由於興趣所在，加上中正理工學院的教學環境，且在課業上也走出了以前留級的迷思，所以走上一條科技將軍之路，是身為一個軍人，不加思索就會勇往直前的路。那種馳騁在科技戰場上，指揮作戰，捍衛家國的英雄氣慨，很能滿足我滿腔的熱血，所以想在軍中通信連連長職務上努力表現，希望有一天能實現我的將軍夢。

可是冥冥之中，上天卻給了我另一條不同的道路！

隨著年歲的增長，該有的姻緣是命中注定，冥冥之中的緣份，會把兩個完全不相識的人牽引在一起。結婚之後，還沈醉在新婚的甜密中，更欣喜的是，我要當爸爸了，在那種初為人父的企盼下，小孩隨著我們的盼望跟著到來了，只是上天給了我們夫婦驚喜，也給了我們錯愕！因為這個上天恩賜的小孩，生下來就有不明原因的先天性心臟病！在那個沒有全民健保的年代，先天性心臟病開刀須要一筆龐大的醫療費用，那麼龐大的金額，不是我這個軍人可以負擔得起的。為了籌措孩子的心臟開刀費用，不得已只好退役！想利用退役所領到的退休金，來解決孩子開刀費用的難題！

為了這個孩子，我的將軍之路走不下去了，夢想成為將軍的我也失去了戰場，我的將軍夢就要另尋天空了！

2 開心兒童，開創另一片天空！

孩子，你是上天給的恩寵，雖然當時給予我苦難，但卻也給了我人生另一條不同的道路！包括事業和人生觀！

「幫助別人，可以忘掉自己的痛苦。」長子羅患先天性心臟病，在撫育兒子過程中，深刻的體驗到家有病童的痛苦，藉著兒子帶來的課題，卻獲得人生另一片天空。

當初，我們萬般欣喜迎接兒子的到來，但是兒子出生一個月大的時候，回醫院健康檢查時發現心臟異樣，經轉診到榮民總醫院做進一步檢查，醫師判定孩子患有心室中隔缺損和肺動脈狹窄。

當聽到醫師的宣判，第一時間我反應不過來，腦筋一片空白，接著閃過的念頭是：這孩子要離開我們了嗎？這孩子跟我們緣分還有多少時間？看到雙手緊抱孩子的太太，眼淚像斷了線的珍珠，我心中真是百感交集。在醫生說了一連串的專有名詞及詳加解釋後，終於明白我兒患的是先天性心臟病。當下真是慌亂無助，除了無法接受這個事實之外，更煩惱的的是，那時我每個月的薪水才新台幣一萬伍仟元，但孩子的開刀費用需準備二、三十萬元，內心衝擊實在太大了。

平日裡孩子容易喘氣、冒汗，特別是感冒頻繁，醫師警告我們要小心，避免引發肺炎併發症。當時我們住中壢山仔頂，孩子一稍有狀況便趕緊送醫，我記得曾經一個月往返台北五趟，計程車來回一次約六百元左右，一個月去五趟，薪水去掉五分之一，再加上醫療費、房子租金，「月光族」這三個字還不足以形容那時的窘境。

兒子在一歲十個月時做「開心」手術，為了籌錢開刀，只好自軍中退役，領取退休金，做為兒子的開刀費。還好，兒子的心臟病並非嚴重型的，開刀後，一切良好。

兒子這一刀，除了治癒了他的病之外，也將我過去與未來的人生做了一個切割！

3 美麗新社會，無法調適的難題

上天的試煉，為我開創美麗新世界！

危機是一個轉機。我在軍中服役十年，位階少校，為了替孩子籌措開刀費用，於是退休，開始重新走入社會，尋求新的道路。

剛開始帶著一股衝勁進入社會謀職，沒想到的是，一個生活幾乎與社會隔絕的退伍軍人，要重新投入社會、面對社會，並不是一件簡單的事。首先最難的是無法面對自己！因為我是少校退役的，在軍中也算是一個中階長官。想想，原本在軍中我是發號施令的長官，但現在外面的世界卻和軍中完全不同，就以最基本的談話方式好了，以前都是命令句，現在到了外面，每天耳朵接收到的都是被命令句，這麼大的反差，一時真的適應不來。

危機有時真的是轉機！尤其在創業這條路。以前是一個高高在上的少校軍官，一下子失去了自己的戰場，要重新面對和適應這個完全陌生的新社會，除了面對謀職時專業經驗的問題、還要面對一個隨時有生命危險的孩子！上天給我這條全新的道路，我別無選擇，不得不走，且只准成功不准失敗！

在還沒想好，要如何解決橫在前面的難題之前，心想，還好，從進入中正理工學院到退役，我服役了十三年，軍中訓練的不怕苦、不怕難的堅毅個性和健康的身體！這就是我最大的本錢，所以在毫無頭緒該如何面對未來時，我選擇了勇往直前！這要感激軍中這十幾年來的培育。

開始找工作那段時間，每天壓馬路，隨身帶著BBCall(呼叫器)四處求工作。要找工作是何其難，尤其是一個退伍軍人，沒有經驗、與社會脫節。面對這樣的新生活，曾是連長的我，開始懷疑自己的人生，因為每天努力的回報，竟是挫折、挫折、再挫折！有時問自己：為什麼自己會變成這樣？這個四處碰壁的環境，危機到底要怎樣才能化為轉機？

在這樣一個到處碰壁的時候，苦難其實沒有打倒我。在情緒最低落時，我會自我排遣。即使是明天米缸就沒米了，我也沒有因此抽煙解悶、藉酒澆愁，因為我知道——「上天慈悲」一枝草，一點露，只要努力一定會有機會！

在那艱困的日子裡，我最快樂的時光是，到台北市國父紀念館的翠湖旁，這裡不用門票，還可以看魚兒在水中悠游自在，偶爾會帶點麵包屑給魚吃，看著藍天，看著一大群魚兒張大嘴巴，爭先恐後的吃著、吃著，好像魚兒感激我的餵食，跟我說謝謝！一時心境變得很開朗。想想，在社會上處處都碰壁，可是在這裡，卻有那麼多的魚兒向我敬禮問好、說謝謝，一點點善意，好似成就了魚群萬分的感激，心情一下就變好起來了！心境一轉，排解了鬱悶的心，人也覺得輕鬆了起來！當下生起了感激那些小魚兒的想法，生活中有時一個轉念，世界也美好起來！現在想想，當時瞬間美好的心境，今天還歷歷在目，十分清析。這大概就是所謂的「生活中的小確幸」吧！

4 那個下雨的午後

看到放學時光復國小的孩子在躲雨的情境，那熟悉的畫面，又瀝瀝回到眼前，初中時淋雨的經驗被喚起……。

在工作無著落的情況下，只好先做起銷售禮品的業務，也深知禮贈品這行業並不穩定，是沒有根的工作，並非長久之計，雖然努力，卻又看不到未來。

坦白說，面對退伍的困境和茫然，自己心裡的壓力其實很大，每天不敢面對家人。每晚睡覺都在愁思下一步到底要怎麼走？常常整夜憂心，好不容易熬到了天亮，一早起來看見家人，太太的笑容和刻意怕我受傷的表情，其實更讓人難受，草草吃過早飯，背負著家人的期望，便大步走出門去……，去找希望！

該去的地方都去了，該找的門路也找了，但接下來到底該做什麼才好

呢？看著天色還早，不敢太早就回去，心想晚點回去，也許可以讓家人多一刻期盼，晚一點再失望吧！

走著！走著！也不知該走去那裡！想想還是選個離家最近，又不用花錢的國父紀念館好了。走在國父紀念館的迴廊裡，竟然想著：啊哈……這裡可以遮風、可以避雨，只要少吃一點，當個街友也可以過活哩……嘿嘿…正在想著當一隻駝鳥的時候…驀然驚覺，這是什麼爛想法……，忘了一家還有老小，竟想當街友！想想真是心酸，竟悲哀到當個街友的權利都沒有。此刻失業的巨大壓力，真的好希望可以人間蒸發！

走著！走著！走過國父紀念館的翠湖旁，這時老天爺可能也覺得我可憐，替我難過，竟然下起雨來了！雨水灑在我的身上，濕透了我的衣服，也灑醒了我的腦袋！當時正是放學時間，看見光復國小的小朋友，一個接一個衝出來，有的被淋成落湯雞，有的背著厚重的書包撐著傘，看著！看著！看著孩子們穿梭在雨中的情景，我忽然靈光一現，想起了初中時，為了不想帶佔滿書包空間的厚重雨衣，曾經用阿嬤蒸年糕的玻璃紙及薄薄的塑膠布，縫補成的輕便雨衣，頓時心想，如果能大量生產這樣的輕便雨衣，既然適用當時讀國中的自己，那麼相信也能讓這些小學生免於淋雨之苦，是的……是的……沒錯，可以做這樣的產品，這樣的產品市場應該會有需求，應該可以當產品賣，嗯，對，可以的………在幌幌忽忽中，沈思在自己的創作細節裡裡………。

有了初步想法後，馬上覺得興奮起來，好想立刻去做。數年過後，當時的一點用心，加上後來的一點創意，成了日後讓我們一家人靠以為生的黃金——晨揚雨衣。

5 上天給的一條路

創業之路，沒錢沒人沒時間！

既然這個創業的念頭已經揚起，我想創業的心念就越來越強烈了，只是想歸想，真的要做，要從那裡開始呢？軍中的退役金，已經為了兒子的開刀費用花掉了，身上並沒有多餘的資金可以創業。另外想量產雨衣，要去那裡買原料？要怎麼製造？要怎麼定價？要怎麼賣？市場通路在那裡？對於這個行業的流程和專業知識，我一無所知，想創業做雨衣，沒錢、沒人才、沒時間，要從那裡開始呢？

雖然有以上這些種種困難擺在我面前，但我相信，既然有了目標，就一定要想辦法達成，家庭是我的責任，成就更是一種自我挑戰，即使困難重重，但我絲毫沒有放棄的念頭，心念反而更堅定的、積極的，很努力的尋求資源。

於是我開始去找和雨衣、雨具有關的任何訊息，無論晴天或雨天，到不同的賣場、不同的通路去觀察；到「中國青年創業協會」、到「中華民國企業經理協進會」去聽演講；去相關工廠參觀！到「台北市國際青年商會」去學習「無中生有」「訓練自己、服務人群」的精神；到台北市百貨廠商聯誼會去學習商品的研發、推廣和行銷，一切從零開始！

為了創業，所有相關機會，我絕不放棄，再辛苦也要努力學習。因為我相信，若沒有做好準備，機會是會從手中溜走的！

6 創業嗎？先虛心請教專家

吸取別人的知識經驗，是通往成功最近的路！

在那些專業演講中，其中有一場讓我印象最深刻，當時的講者是統一集團董座高清愿先生，那天高先生演講的主題是：人無論何時做什麼事，都要心懷善意！要有「善根、善心和三好一公道的心」！

高先生接著說，他經營7-11時，連賠了七年，現在能夠賺錢，最主要的原因是付了百分之一的營收當費用，給美國南方公司。他很虛心的向美國南方公司學習經營和管理方式，7-11在引進南方公司的經營管理後，連續七年虧損後才開始轉虧為盈！才有今天的成功！

這句話我聽進去了，馬上興起了效法之心，當場舉手，請教他：「高先生您好，我剛退伍，我想創業，我什麼都不懂，南方公司要您付百分之一的費用，幫助7-11成功賺錢；那我可不可以付百分之二的費用給您當指導金，您可以來指導我嗎？」當場在座的人聽到我這樣說，大家笑成一團！我想他們心裡一定在想，怎會有這種人？但是高先生的回應，讓我非常感動，他不但沒笑我，還走下講台，拍拍我的肩膀說：「年輕人！好！你有骨氣！」並請他的副理，即現在統一超商集團的總經理徐重仁先生，多多指導我！

高先生的舉動，讓我十分感動，他給年青人的溫馨和指導，對我影響很大！因為當時，已找到工廠願意幫忙生產雨衣，但不知道該如何銷售出去？在這困難的時候，高先生的話無疑給了我力量：讓我在正猶疑驚慌的心，了解我生產的雨衣：「現在銷不出去，不代表以後也銷不出去！」，他讓我鞏固了我的創業信心，堅持努力下去。

其實對於經營管理，就如高清愿先生所言，對自己不知道的事，參考別人的經驗，可以省掉很多力氣和成本。高先生的演講扭轉了我很多觀念，他是我生命中的貴人！

後來我的雨衣透過了企經會、青創會及台北市百貨廠商聯誼會等社會資源的幫助，參考別人的經驗，節省很多摸索的時間，也減少許多失敗的可能！因此打開了我雨衣銷售的通路！所以創業的人首要的重點是，要懂得如何學習別人的經驗和尋求社會的資源來幫助自己！在我創業歷程中有幾本創業叢書幫助我很多，如：一、行銷新利器「無店舖販賣」（徐重仁、黃淑麗著）、二、「當巷口柑仔店變wal—mart」（潘進丁、王家英著）。零售業專家潘進丁先生（台灣全家便利店董事長）他說：「從趨勢中看到機會，知己知彼才能大膽前進，零售業要有預知未來的能力」。

對一個剛創業的人來說，別人的經驗是自己最好的老師，可以減少奮鬥好幾年，不要再重蹈不必要的錯誤，而讀書也有很多好處，是另一種免繳很多學費的學習方式！書中值得學習的地方，一定要牢牢記住，等到要用時，真是受用無窮！。

也許是機緣，在一個偶然的機會，碰到一位在光復國小任教的老師，和他聊起當初創業，就是因為看到光復國小學生在雨中躲雨的情景，才激發出我創業的念頭，才有現在的「晨揚輕巧雨衣」，這位光復國小老師聽了我的創業故事後，十分熱心，他把我的這段故事，轉告校方，結果光復國小向我下訂單購買雨衣，當時光復國小有8000人，卻訂購了16000件，心中的興奮及感激是別人無法體會的！

只要認真努力，機會絕不會從你身邊溜走！

學校訂了雨衣，送給每一個小朋友兩件，這個訂單讓我感動到熱淚盈眶，因為這是我這輩子的第一筆大生意，放下電話，興奮地和太太兩人當場相擁淚湍，這個訂單，趕走了創業以來積壓在心中的耽憂害怕，肯定了我的努力、肯定了我的產品、肯定了選擇創業之路是對的，這讓我有再向前走的勇氣！尤其當收到這筆錢的時候，心中更是激動莫名！雖然我不認識這位首批大單的業務貴人，不知道他的姓或名，但在我心中，他是我創業中「生命中的貴人」。

這件事除了幫我一個大忙之外，也讓我深刻地了解：我們隨時要給別人機會，即使起心動念，只是一個小小的「利他」行為，也許你記得，也許你忘了，但你不經意的幫助別人，適時伸出援手，對自己來講雖只是一個順手的作為，但你的善心也許能點燃別人的一片天空。就像光復國小這位不認識的老師一句對學校的建言，適時的幫忙，對我來說，就像汪洋中的一盞明

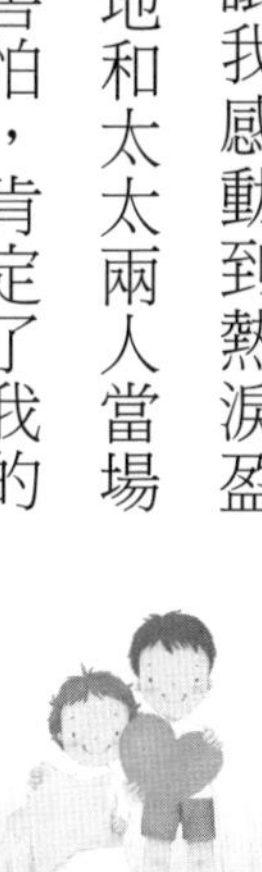

燈，照亮了我的信心，也照亮了我的創業之路。

因這事的啟發，加上事業漸漸上軌道，往後在心有餘力之下，一九九一年催生了「中華民國關懷心臟病童協會」、一九九二年與「華視鑽石舞台」合辦活動，主持人胡瓜送歡樂及關懷給心臟病童、一九九四年促成「中華民國關懷心臟協會」和「國父紀念館」及「台北電台」，華視及教育廣播電台，一起在國父紀念館演講廳，共同主辦醫療講座……「關懷下一代系列講座」至今未曾間斷！

胡瓜的「鑽石舞台」辦的這場「開心」活動，意外的改變了一個病童的一生。也許由於胡瓜是名人，也許由於胡瓜的真誠鼓舞了心臟病童顏源亨，他參加了這個活動，受到了胡瓜的鼓舞，對生命燃起了光與熱，立志考大學，結果考上師大數學系，成為一名數學老師，當上老師後，還親手製作了卡片謝謝胡瓜。胡瓜也贈送了十萬元給開心協會幫助更多的病童。

不要小看你一點點的小付出，也許你記得，也許你忘了，但你那一點點的付出，也許溫熱了一個人的心，也照亮一個人的生命！

7 晨揚品牌和LOGO

公司取名晨竹事業有限公司，以早「晨」旭日東昇的圖案為公司服務標章，並以「晨揚」為品牌發「揚」愛心，希望剛從少校軍職退伍的我，無論創業的道路有多維艱，都一定要像早晨的太陽一樣，萬丈光芒，發揚愛心。我常用一種愛與關懷的心，提醒身旁的親朋好友及消費者：晴天就要準備雨衣，下雨天才免淋雨感冒。這就是我個人經營公司的最初理念——讓人隨身攜帶雨具、有備無患。

「晨揚輕巧雨衣」的興起，實在有很多因緣，我本是一位軍官，任職軍中十幾年，從來沒有想過有一天會轉換職場跑道，即使研發和創意的因子不斷在我細胞中篡流。直到一九八六年長子罹患先天性心臟病，需要大筆金額開刀費，才毅然放棄安穩生活的軍職，運用退休金來應急。後來兒子是救回來了，但想找新的工作，卻不是剛從軍中退下來，沒有其它技能的我，一時

◆感恩黃碧桃院長

能找到的。經過層層待業的磨難和痛苦，最後下定決心自行創業。

「晨竹公司」是為理想和生活才成立的。當還在創業的艱苦時刻，為了感恩兒子的救命恩人台北榮總小兒心臟科主任黃碧桃醫師，勇敢的召集有同樣情況的心臟病童家長，在一九八八年成立「開心兒童家長聯誼會」，更於一九九一年將「家長聯誼會」擴大創立為「中華民國關懷心臟病童協會」。這些年來，幾乎同時創業、創協會，這對我來說，

◆ 創業理念

實在很辛苦！在公司產品上，我希望時時刻刻努力創新，讓產品提升創意實用性、高價值。在協會工作上，更希望能貢獻更多的心力，號召更多的家長，一起來「自助、互助、助人」關懷照護全國更多的心臟病兒童。所以公司的品牌和LOGO便結合了這二種意象在其中，用來時時勉勵自己，提醒自己「愛心、關懷、環保、創新」。

8 經營用點心，空氣變黃金

請用心找，黃金藏在細節裡！

輕巧雨衣材質突破原有市場的厚重雨衣，這種技術研發成功之後，由於是開創市場所沒有的，既輕巧又便宜，剛上市時很受到市場的歡迎，也讓我稍稍有獲利。一直到現在市面上這種雨衣已多的到處可見，雖然競爭者眾，但我仍能有自己生存的天空，晨揚雨衣系列在全台仍有5000多家銷售點。一項產品想要在諸多競爭中具有實力，這其中仍有一些秘笈！

晨揚雨衣、雨傘目前包括便利商店、美粧店、高速公路休息站、木柵動物園、陽明山國家公園，Pchome網路商店等，約有5000多個銷售點，這些銷售據點我經常親自拜訪，和店家做過各種溝通，了解他們的需求，也了解消費者的需求，接受他們的建議，並且不斷研發創新產品，因為我了解，如果一項產品，不能與時代一起進步，就無法符合市場需求，產品便容易被淘汰。所以，研發與創新應該是經營一項產業最不可少的部分吧！

晨揚雨衣除了重視產品的更新與研發，更重視的是和消費者的互動與回饋，在每一件我們設計的雨衣中，都附帶提醒消費者：請珍惜你的健康，小心別感冒了！這句話從生產第一件雨衣開始，就跟隨在每一件雨衣中。我一本初衷，一如當初年幼時為自己設計雨衣的初心，希望每個人都不要讓媽媽耽心！隨時準備好雨具，關懷自己，進而關心周遭的人，由雨衣開始，用心對待自己和用心對待親友！

在雨衣的包裝袋上，還有另一個徵文比賽的點子！這個點子是經營裡的精神，希望晨揚的雨衣，包裹著滿滿的愛心！愛心與良心，我想是我的初衷，即使在商業的利誘下，也不想失去赤子之心！

9 創業中的難題

人生不怕苦難，人生不怕跌倒，因為苦難和跌倒，是為了教會我們不足的地方。所以如果你此刻也正承受著苦難，那該好好想想：這場苦難到底要教會你什麼道理。

在創業的過程中，挫折還是很多的，我創新研發的、晨揚長袖輕巧雨衣很有創意，可惜沒有拿到製造專利，誰都可以生產。這讓我辛苦研發的產品，卻由別人來分享成果，並且這些分享成果者，還成了我的主要競爭者。也因為這樣，這讓我興起了自創品牌的想法，因為唯有創造自有品牌，長期來說，才能建立消費者對品牌的忠誠度，也唯有建立品牌的忠誠度，才能在日益競爭的環境中占有一席之地，在採購與供貨廠商的議價中，更能具備優勢。這只要看市場上的大品牌，都能成為消費者首選就可以知道了，就像可口可樂、黑松汽水、義美食品、新東陽禮品、黑人牙膏、舒潔衛生紙……

這些品牌在同質產品中始終長期佔據領導品牌的位置，而把他們的競爭對手，被遠遠的拋在距離以外。顧客有品牌需求、當然商店販賣的意願就非常高。

在創業過程中，由於自己的知識經驗不足，使得自己辛苦的研發，卻不懂得自我保護；因初期沒有自有品牌，而成為沒有名份的代工者；或者其它的業務困境，所有這些不如意的過往，在我內心裡現在回想起來，其實我是很感謝這些苦難的過程，因為若不是這些苦難的過程，我一定不會仔細去思考，為什麼事情該這樣做？而不該那樣做？為什麼人會這樣對我？而我又該如何去對人？這件事為什麼該這麼處理？而那件事又為什麼不該那樣處理？……因為這些苦難，教會了我很多人生之中原來不懂的道理，為此，我想把這種受過苦難的感受，傳承給現在想創業或不想創業的年輕人：人生不怕苦難，人生不怕跌倒，因為苦難和跌倒，是為了教會我們不足的地方。所以如果你此刻也正承受著苦難，那該好好想想：這場苦難到底要教會你什麼道理。

當年剛創業，除了創業種種困境讓我學習之外，當時許多客戶的拒絕及善意的提醒、指導，這些經驗就是我的收獲，苦難讓我逐漸成長，也因此開創出一條自己的創業道路。如果當時自怨自哀，不知反省與感恩、不會自省問題的根源，那今天「晨揚」雨衣、雨傘可能早就不存在了。

創業和求學一樣，學業，留級三年後，我才開竅；創業，到今天二十幾年，已走過留校察看的階段，相信仍堅持下去，再持續不斷的努力，也能永續經營！當然最該感謝的是消費者及通路商給晨揚雨衣、雨傘的支持與機會。

10 銷售可以很創意

創意可以增加銷售量，還可以盡社會責任！

晨揚所有生產的雨衣，背面大部份都有一篇感性小文章，這些文章其實是公開徵文來的，為什麼我要辦徵文比賽？又為什麼要把徵文得來的文章，印在雨衣包裝上呢？故事最初的源起是為了感恩當時萬客隆董事長張國安先生。因為當時我擔任「中華民國關懷心臟病童協會」創會理事長，這期間協會獲得全國績優社團獎，我代表協會到內政部，領取這個績優社團獎項，領獎當日坐在身旁的便是張董事長，他也來領獎，由於二人坐在隔坐，於是便和他閒聊起來，談著、談著談起關懷心臟病童協會、談起了青商會、談起了晨揚雨衣……，沒想到張董事長很熱心，一邊回應我的話題，也一邊談述他個人創業經驗，……當我談起我的雨衣時，他立刻回應說他時常喜愛隨身攜帶「晨揚雨衣」去爬陽明山……後來話鋒一轉，還指導起我的雨衣該怎麼改進……。

張董事長不但指導我改進雨衣製造技術和品質，還把產品介紹到他們公司去銷售，他熱心協助的光與熱，讓我不管在實質或心靈層面都獲益很多，他也是我生命中的貴人之一。

為了感恩貴人相助，我辦了一個徵文比賽的活動，這不是一個商業性的活動，純粹是感恩回饋，所以徵文的題目是：「心情故事」！有個女孩寫了篇很感人的文稿投來……母親的背影，非常感人，茲轉載如下，與大家分享。

精選文章一

母親的背影

文／巧雯

還記得朱自清所寫的背影一文吧！記得國中上到此課時，大家都覺得作者父親爬上月台的身影，好好玩哦，不方便的身軀，還要爬上去，找罪受啊！

考完聯考，對課本中的記憶也還給了老師。直到那麼一天，不會騎機車的我，麻煩媽媽載我到車站，坐在後座的我，沿途看著道路四週的風景。

無意間卻發現自己心目中，仍應年輕的母親，頭上竟不知何時，長了好幾根白頭髮，突然有股想哭的衝動。何時媽媽已漸漸年老，朱自清的背影一文浮現腦海中，心中則心疼著母親。

現在的我，開始懂得好好照顧自己，少讓父母擔心，我想，這應是仍在校園中的我，所能盡的最大孝道吧！

當這篇文章附在雨衣上，上架銷售出去之後，得到許多消費者的迴響，有一天，一位母親打電話給我，說他女兒現在變得很懂事，對她的態度也一百八十度大轉變，她很訝異，但想不出是什麼力量改變了這個孩子。直到有一天下雨了，她打開機車後車箱，發現有一件雨衣，發現了包裝上的這篇文章，她看了之後才明白，原來孩子的改變，是因為這件晨揚雨衣上的文章！

這樣的情況是我始料未及的，但想想非常地開心，在產品上加點創意，不但可以多賣一些雨衣，也可以在銷售產品的同時，盡一些社會教育責任！

精選文章二

沒帶雨衣的孩子

文／彭美玲 老師

放學前突然下起大雨，引起了陣陣騷動。為了安撫孩子，我說：「也許待會兒雨就停了」他們的吵鬧聲略小了。不料，老天爺不作美，放學的時候，還是下著大雨，於是，有帶雨具的小朋友很興奮的說：「啊！幸好我帶了雨衣。」沒有帶雨具的小朋友則個個面色凝重。

「穿好雨衣的先排隊，沒帶雨具的小朋友先留在教室」哇！不得了，數了數有近十五個小朋友有家歸不得。等帶完路隊回到教室，有小朋友舉手：「老師，我的爸爸、媽媽都在上班，沒有人會送雨衣給我」。我只好拿輕便雨衣給這些小朋友，他們穿上雨衣，高興地走了。剩下幾位等待家長的小孩，約十分鐘後，多數未帶雨衣的小朋友都順利由家長帶走了，少數幾個還餓著肚子、苦苦等待的小朋友，臉上表情越來越難看。幫他們撥電話求救後，仍有一位沒辦法回家，因為根本聯絡不到他的家人，最後我只好送他回去，不曉得他的父母在忙些什麼？孩子的期盼終究落空了。

老師心疼孩子淋雨會感冒生病，更別說身為父母的。也許你真的很忙沒時間送雨具給孩子，但你不妨讓孩子隨身帶著輕便雨衣，不佔空間又能確保孩子不淋雨，一舉兩得。

以上這篇文章，是由彭美玲老師寫的，轉載自「自由時報婦女版」，彭老師是個善心的好老師，她的這篇文章刊出後，也影響了很多家長，有些家長也打電話到公司來致謝，提醒了他們平日疏忽的事，隨手放件輕巧雨衣在孩子的書包中，一點也不費事，卻可以減少孩子被雨淋感冒的事發生。

彭老師除了關懷他的學生之外，更令人感動的是，她將獲獎的稿費捐給「中華民國關懷心臟病童協會」，她希望可以幫助更多人，她是這樣一位有愛心的老師，肯於付出關懷學生，且細心照顧學生，這樣一位好老師，相信她也用她的愛心，影響很多學生。

精選文章三

「禮物」是晨揚雨衣徵文中，另一篇引起很大迴響的文章，這篇文章是內人推薦的，她是「台灣世界展望會」的長期資助者。

禮物

／台灣世界展望會 杜明翰 會長

奇蹟，發生在我們愛的行動中！

感恩，發酵在每個曾躲在角落裡哭泣的孩子心中！

誰說寒流來襲？我們看見嚴冬裡處處暖流！

苦難是我們煎熬出韌性與盼望的材料；挫折讓我們更樂觀地珍惜生命的每一個時刻！

許多人抱怨未收到禮物，但我們常常把我們擁有最珍貴的禮物忽略了：孩子的笑容、母親的眼淚、父親的汗水、另一半的體貼、朋友的祝福！還有，你是否想過，世界上獨一無二，最大的奇蹟就是你自己，好好珍惜自己、疼愛自己，就是給自己最珍貴的禮物！

也許有許多人嘆息沒有能力送別人禮物，但是，我們都忘記了，我們擁有好多寶藏是別人最需要的禮物呢；像是，關愛的眼神、溫暖的擁抱、憐憫的心和真心的寬恕……

苦難與挫折，常常是化了妝的祝福。當種子從堅硬的泥土中吐出綠苗時，你一定能夠明白，生命最大的能量就是能夠放下自己，謙卑下來，像孩子一樣單純，歡歡喜喜收下這一件生命的禮物！

精選文章四

在那一場暴雨裡找到你

☆☆Happy girl☆☆☆☆

那天搭公車回家的放學途中，忽然下了一場超大的西北雨，下了車趕緊躲在公車亭裡避雨，時間一分一秒的過去，雨卻沒有停止的跡象，心中開始著急起來。公車亭的另一端，那位每天搭同班公車的男孩，兩手交疊在他的大書包上，兩眼愣愣的看著我，過了十分鐘他朝著我走來，走到我面前時，忽然從書包裡拿出一件雨衣，看了我一眼，就把雨衣塞給我，他的眼神流露著一點點關懷，心裡雖想拒絕他，但手卻不聽話的接下了他的好意，接著他說了句：「不必還了。」就匆匆的跑走了。看著他在雨中離去身影，也看著手裡的這件雨衣，那種說不清的感覺讓我心裡有著微微的痛，他那靦腆的笑容讓我深印在腦海中……。

他是隔壁班的學長，雖然長得不是非常好看，但經過這次後，每次下雨總是讓我想起他，期盼他的再度出現。聽說他被留級了、聽說他轉學了、聽說他沒考上大學、聽說……。每次在公園或巷口散步或運動時，看到昔日類似的身影，都會忍不住多看一眼，多麼盼望他能再出現在我身邊！

☆☆☆Happy boy☆☆☆

是的，我被留級了！是的，我轉學了！是的，我沒考上大學！我上軍校去了……這些日子我在找尋自己的路，而我的心也在找尋妳……。每當下雨時我就想起妳那清秀的臉龐，有幾次看見你下公車時被雨水淋得濕透的樣子，每當我路過公車亭時，總會忍不住想放慢腳步，擔心妳，是不是又忘了帶雨衣！我多想再次遇到妳！永遠呵護著妳，多希望你是我的Happy girl！可是一想到妳這麼優秀，而我的成績這麼差……。

我就要回軍中了，這一天快到放學時間了，天很黑，又下起了一場暴雨，我怕妳又忘了帶雨衣，我鼓起了勇氣，駐足在公車亭旁等妳，聽著路人抱怨這突如其來的西北雨，而我的心，卻興奮的想著我的Happy girl妳會出現嗎？一班班的公車來了又去，我，等不到妳，心、揪著、想著、念著、盼著、望著……。時間一分一秒的過去，我該離開？還是繼續等下去？在這讓我充滿期待的公車亭抱著失望的心，看著天空，雨停了……。我擔心，再不說出對妳的心意，恐怕再也沒有機會了……。

就在轉身準備離去時，一個輕柔的聲音，一個熟悉的臉龐，我知道妳出現了！妳甜甜的笑容，穿著我送妳的雨衣，我知道，我們的故事即將開始……。

將以上這些文章推廣給大家分享，看到那麼多人因文章受惠，真是覺得很值得！

11 競爭力來自創品牌、研發和銷售

給自己一個名字，可以大聲告訴世人，我就是品牌！

對於自有品牌和產品行銷問題，現在想起來或許覺得可笑，但在當時卻因為沒有這方面的知識，吃了不少虧。

晨揚雨衣剛推出時，一般人較不容易接受，因為實在不知道該怎麼銷售產品，又沒有通路，所以初期沒有經驗只能從學校及戶外活動開始，例如運動會，國慶閱兵，園遊會、遊行的地點開始推廣。到了一九九〇年時推出長袖雨衣的新產品，這款產品雖然是自己研發的，但起初因沒經驗，並未事先申請專利，後來僅申請品牌專利商標，一九九二年市場上便開始大量出現了類似雨衣，自己努力辛苦研發的東西就這樣失去了保障。

受了這事件的刺激後，決心建立自己的「晨揚」品牌及行銷通路，並著手進行品牌的推廣和行銷。在競爭者逐漸增多的情況下，為了能打入市場，便開始進行商品分眾化，除了環保考量，逐漸減少一次性使用的雨衣外，用

心開發生產多次使用的彩色雨衣和特大號的晨揚輕巧雨衣、環保新尼龍雨衣，多功能罐裝雨衣，和多項雨傘系列及DIY創意彩繪雨衣和反光雨傘，讓消費者能夠有更多樣化的選擇。

其實研發出一項產品，能不能暢銷很難預測，研發一百件產品中能夠成功幾件就不錯了，就算是大企業團隊研發的也不一定成功，有時除了努力還得靠運氣。在努力方面，所有研發出來的產品必須是市場上需要的；其次，如何讓產品有生命力也是一重要課題，而最重要的是研發者是基於怎樣一個心態研發這個產品，如果研發者是基於一種善念，為了消費者的實用之外，還兼顧安全和品質，相信產品推出後必定會受到支持及肯定。

而在銷售方便，除了打進通路之外，產品上市後，也有許多小技巧可以增加銷售的。例如同樣是雨衣，無論在產品包裝，樣式，材質，顏色，實用性上……都必須時時注意市場變化及消費者的需求，不能謹守「百年老店」

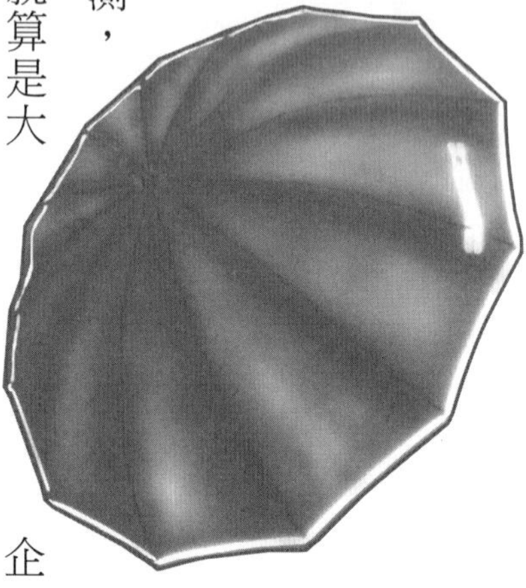

◆ 作者發明反光雨傘

◆ 自動販賣機已可販賣多功能罐裝雨衣

不與時俱進，產品沒有新意，容易被時代淘汰。

通常登山、旅遊、運動會、野餐烤肉⋯⋯等，從事戶外活動的人，偶而會遇到臨時下雨，當需要雨衣時，往往都忘了帶。雖然現在便利商店到處都是，但當你在荒郊野外，傾盆大雨由天而降，又找不到便利商店，怎麼辦？這個疑問啟發了我的靈感，研發成功能在自動販賣機販賣的—晨揚多功能罐裝雨衣，同時取得了中央標準局核定十年新型專利權。得到台北市木柵動物園的肯定，率先採用服務遊客。

目前自動販賣機的擺放相當普遍，您或服務的單位有此需求嗎？可建議自動販賣機業者提供這項服務，在每台自動販賣機陳列其中一道販賣—晨揚多功能罐裝雨衣，就可及時幫助24—36個人，相信這份善念會讓很多人免於淋雨感冒之苦！

而研發了近十年才成功的晨揚新尼龍雨衣及創意環保雨衣的誕生，實是秉著愛地球的環保概念研發的，為了這項產品甚至還遠赴日本取經，參加台灣連鎖店協會舉辦的日本考察團，活動中擔任副團長的7-11總經理徐重仁先生及萊爾富便利店汪林祥董事長，指導我要多參考引進日本先進國家環保理念及設計包裝、市場流行等概念。其後為了培養孩子打破制式圖畫紙的畫圖思維，讓孩子了解創造力的無限空間，鼓勵孩子自行創作，於是我四處奔走，四處打聽，四處學習，尋找作畫的顏料，陸續開發的環保傘、環保雨衣，作為兒童環保教具，發揮創意在晨揚雨衣罐及DM、雨傘上作畫。

除了市場考量之外，最主要還是想為孩子的教養盡點心力，希望孩子透過手做，動手做學會生活中的許多技能，甚至希望每個孩子都暫時拋下手機，電腦，把時間花在學習換日光燈，修馬桶，做木工家具，裁剪等等日常手做活動，讓孩子的學習過程學會種種生活的基本技能，也增加生活的樂趣，而不是長大後「手殘腳殘」，只會動口而不肯彎腰實作事！

在自己的產品上用心，站在消費者立場，將心比心，絕對不要貪心，我想這是商品在市場上能生存的法則吧！

產品經營如逆水行舟，不進則退！

剛開始創業時，依著最初的想法，生產出第一代晨揚輕巧雨衣，為了因應市場的需求，逐漸研發更多的產品，由雨衣到雨傘，尤其回想一路走來，從留級到上大學、從失業到創業，甚至今天能出這本書，除了三分運氣外，真的要有七分的努力，期望這群和我一樣的孩子和家長們，都有等待孩子成長的智慧！讓他們都能任意揮灑屬於他們的一片天空！

每一項產品，在創新的過程中，都有其用意和想法，而這些用意和想法，除了改善原有的缺點之外，也希望藉著自己對產品的用心，能得到更多消費者的認同。一個企業要能和市場競爭，要多為客戶設想，且產品也要不斷求新求變，一來要跟著時代的潮流走，二來要給使用者更多的便利性，尤其現在環保意識抬頭，環保也是產品的重要元素之一。為了讓公司能永續經營，真的是戰戰兢兢，如履薄冰。

◆ 晨揚多功能罐裝雨衣

12

黑烏龜新戰士

商機，在老祖宗的智慧裡，尋找商業生機！

◆作者故居明善堂，廳堂書法為詩人祖父葉清河先生作品

談到雨衣，它的前身是蓑衣，已有一千多年的歷史。一般也稱它作「棕蓑」，在以前的農業社會裡是家家戶戶必備的雨具，但民國四、五十年代以後，塑膠業興起，輕便的塑膠雨衣日漸普及，使得簑衣成為過時的產物。在二次大戰初期前，台灣人民所穿的簑衣，一半以上是來自雲林縣斗南鎮的石龜溪，這個小小農村早期是製造簑衣的重鎮，素有「簑衣的故鄉」之稱，而石龜和石溪二村的居民，大半副業都靠簑衣為生，更有居民世代以製簑衣傳世。

簑衣製作的原料來自於棕樹，是棕櫚科的山棕屬植物，分布在五百公尺以下的山區，農民採用山棕枝幹上的黑色網狀纖維棕毛製作簑衣，因為棕樹纖維具有油韌性及水無法滲透的特性，是製作雨衣的最佳質料。

◆美人魚簑衣　創作者：葉宗岳

台灣早期簑衣的製作過程相當繁複費力。必須先以農作契收的方式，從阿里山奮起湖等地，將棕櫚葉載運回來，經過洗滌整理、浸水、去雜絲等步驟，再以特製的耙子，將棕葉拆解處理成絲，棕絲再搓揉成縫製的棕繩。

在日本統治台灣時期，簑衣曾一度被做為日本軍人的戰袍，也是當時的管制品，在供不應求之下，因此棕繩的製造是採取分工製度，藉此提升產能與效率。

棕繩編製的方法常因用途不同而不同，而從事棕繩搓揉工作的婦女，常將棕絲放在大腿上搓揉，長久下來造成腿部淤青、淤紫，因此被戲稱為「石龜查某水甘水、烏腳腿」（石龜女人很美麗，只是腿淤青），為了搓揉棕絲，不單腿受傷，手也時常磨破皮。

一套簑衣分為上肩與下襬兩部分，都是單片形式，完全由手工製作，製作的人須要有足夠的力道和耐心，一般來說，一位有經驗的師傅編製好一件簑衣最少需要三個工作天。而整件簑衣製作最困難的是「綁棕頭」，簑衣脖子圓領的部位的定位，若想要呈現平整且漂亮的圓形狀，手不但要巧，且縫功還要細，沒有經過多年訓練是做不出來的，可見要製作一件簑衣並不容易。

民國四、五十年代，塑膠工業興起後，輕便量產的雨衣問世，簑衣這個「黑烏龜」就被塑膠雨衣這個「新戰士」取代了，隨著時間的推移，當年製作簑衣的老師傅也漸漸凋零，這項編製簑衣的傳統技藝也不復見，現在還想見到簑衣和簑衣的製程，除了石龜溪文史工作室的葉宗和努力輯錄之外，只能到博物館去追尋了。

新的發明出現取代了舊的物件，能取代的是材料和技藝，取代不了的是懷舊與傳統技藝。就像人的成長一樣，新生的一個歷程，同時也退去了舊的模樣，新的歷程往往來自舊的蘊育，就像簑衣的故鄉，也是我的故鄉，這個地方生長了我，也蘊育了我。我常想，也許是因為生長在這個專門製造簑衣的環境裡，無形中就承襲了「黑烏龜」的戰力，而將晨揚雨衣發展成這個年代的另一個雨具「新戰士」！

你想創業嗎？創業就是從無到有，從零到一。如何能夠從無到有呢？其實一如佛法所說：「無」，其實來自「有」。「無」是「有」的突破，如何在舊「有」裡找到突破的點，進而從「有」，突破到無，在「無」中創造「有」出來。如果你能從無中創造出有來，那就是真的「創業」，創造出自己的事業，而不是做著和同行一樣的營生而已，但在既有的環境裡，又如何能有新突破呢？老祖宗的智慧是一個很好的方向，因為古往今來，所有人類的需求都大同小異，老祖宗享用過的，只要加上時代的特性，相信有許多仍適合今人所用。晨揚輕巧雨衣的核心價值就是：雖然賣著同樣的雨衣，也向老祖宗取經，時時想突破現在市場上已有產品，創造新商品出來。

如果說晨揚雨衣為什麼有這樣的創業想法，那還是得感激老祖宗「黑烏龜」這個簑衣的故鄉給我的啟示呢！

13 創業之路——在小中求大

寬大的心胸成就企業的格局，包容的度量融匯小川成大海，務實的步伐開創永續的事業！

許多人常怨嘆自己不如人，沒有好父母，沒有好家業，認為自己是個沒用的人，有人因此而認命，甚至自暴自棄。其實人的潛力無窮大，只要好學有毅力，那怕是一個極微不足道的小咖，也可以在極小中求其極大值。

以電影來說，舞台框框雖小，但只要劇本好，導演好，演員好，可以開擴千萬人的視野，也可以顛倒眾生的愛恨，讓觀眾忘了在電影院中，自己只侷促在一個小小的戲院。

大自然中也有極小中求極大，原子中子核子質子在真空中會爆炸成無限大，原子彈威力就是這種原理產生。

人生的創業舞台也可以從一開始的小公司，經過努力慢慢經營中，變大變多。這從許多大人物，小時候生長在卑微家庭，微不足道的存活著，但卻從不認命，從不服輸，困境中不斷向自己宣戰，一次一次創造新的自己，一次一次打贏舊的自己，努力不輟，挑戰！超越！挑戰！超越！終於能夠領先群倫，成了雄踞一方的人上人。

一個人要極小中求極大，需要天賦，需要智慧，需要毅力，需要機會，需要信心，需要勇氣。機會可以創造，成功則靠努力。

極小中求極大，常見在運動競賽中，許多選手一剎那間，創造驚人紀錄，見證體能有限，潛能無限的說法。

有位馬拉松教練說，當教練，沒有能力預知孩子未來，也沒有權利左右孩子將來，但有責任與義務把孩子帶起來。說明遇到好的指導者，也能啟發極小中求極大。同樣在心靈世界，賢者智者點燈，可照亮卑微成巨人身影。

有佛法的慈悲、智慧就有辦法，相信只要心存善念，再小願力都可成就極大。

第三部　愛的生命樹

孩子，你是上天恩賜的禮物！

1 明天。藍色寶寶……

藍色寶寶，仍是媽媽手心裡的寶！

每個孩子在父母心中都是寶，懷著興奮、快樂、和期待生下的孩子。一九八六年兒子在期盼中來報到，我們的開心和天下初為人父母的心一樣，那種見證生命延續的快樂，子子孫孫傳承下去的感覺，無法用言語來形容，正當我們沈浸在幸福氛圍時，兒子在產後一個月到醫院回診，診療結果打亂了原先生活的步調。

隨著醫生的診斷，很快地知道了，兒子得的是先天性心臟病。剛聽到這孩子的問題，說真的沒有辦法接受這個事實，心理難過得不知如何是好？因為難過的不止是兒子病痛而已，接踵而來的要面對的是—得重新學習如何養育照顧、得努力的認識先天性心藏病、得張羅龐大的醫療費用，內心的撞擊真的非常大。

由於大部份心臟病孩子發病時，臉色會轉藍，所以也稱為藍色寶寶，而且一般心臟病孩子容易感冒，須要時常送孩子到醫院治療。在那個沒有全民健保的年代，扣掉醫藥費，日常開銷非得精打細算不可，非常的辛苦，但為了這個孩子，即使面臨那麼多的困難，在我們心裡，不管如何也不能放棄救治孩子。但面對現實問題，真的不是自己能力可以克服的，常想，當遇到困難時，如果有人給予一點點關懷、一點點幫助、一點點鼓勵，相信更能勇敢的去面對一切。而很幸運地在那一段日子裡，台北榮總當時小兒心臟科主任黃碧桃醫師，他不但給我鼓勵，還幫了我很大的忙——因我是軍人身份，在我即將退伍前，兒子的疝氣因哭鬧轉趨嚴重，在黃醫師的指點下，立即請謝凱生醫師、張家侃醫師幫忙安排兒子至三軍總院開刀，為我省下一大筆醫藥費用，黃醫師的善心及恩惠，一輩子讓我對他感激在心頭。

2 藍孩子催生開心兒童夏令營

還給開心兒童成長參與活動的權利，催生開心兒童夏令營。

有一次帶著孩子到榮總回診，和主治大夫黃碧桃醫師聊了起來，醫生聊到國內有心臟病的小朋友其實很多，而家有病童的家長，通常都是第一次遇到這種情形，剛開始大家都會不知手措？因為第一次遇到這種症狀，不知如何照顧有病的孩子，而孩子的症狀很多，有時看著活潑可愛的孩子，突然因病哭泣起來；有的孩子看似好好，卻突然缺氧而臉發黑；甚至有的因心臟衰竭呼吸很急促，這些小朋友的狀況，都不是新手父母能處理和面對的，像這樣大人和小孩都生活在痛苦的環境中。

在和黃醫師的聊天過程中，對黃醫師說的話，感受特別深。黃醫師接著說：「我們身為小兒科醫生，真想多告訴家長一些就醫及撫育經驗。」黃醫師這話正說到我們病童家長的心裡，那一個病童家長沒有這樣的感受，看著自己的孩子受著病痛的折磨，無法和同年齡的孩子一樣有個可以參與各種活動的童年，這對成長中的孩子是多麼不公平，做父母的總是心疼孩子欠缺一個快樂的成長環境……於是說著說著，為了還給孩子一個正常參與活動的權利，於是和黃主任決定舉辦一個「開心兒童夏令營」（碧山營活動）。對於這個夏令營，我們最初的想法是讓有心臟病的小朋友結合在一起，大家一起快快樂樂的玩，過一個快樂的童年，且讓病童其他健康的兄弟姊妹，了解病童的特殊狀況，也了解父母為什麼會對病童付出的愛多一點點，而不至於誤解父母偏心！

辦這個夏令營除了給孩子一個公平成長的活動之外，最大的意義在於，因為心臟病童的症狀種類很多，類似情況的家長也會面臨同樣的問題，比如說生活照顧問題、求學問題，醫療問題，尤其家庭經濟狀況較差的，甚至該如何爭取社會福利都不懂，如果病童家長能夠組織起來，彼此交換照顧心得，例如：如何照顧心臟衰竭的小孩、如何看護身體發黑的小孩，在求學階段怎樣幫助他們，這些不是光靠醫生，護士或社工人員就可以照護到每一個病童的，必須和其他有經驗的家長互相交換撫育經驗才行，於是「開心兒童夏令營」應該是一個可以給病童快樂童年，和給病童家長們互相交流的好活動。

想為兒童辦一個夏令營活動，或許不是那麼難，但想要為患有先天性心臟病童們辦夏令營活動，就不是這麼容易，因為這些孩子們，先天上已經和一般孩子不同了，隨便吹個風都有可能感冒，隨時一個情況，也有可能發病，如果沒有萬全的準備，誰又敢去辦這樣一個活動？還好和黃主任談過後，得到黃主任和榮總醫療團隊、開心俱樂部及台北市國際青年商會的支助，這個活動終於可以開始籌辦，就這樣正式催生了「碧山開心兒童夏令營」及後來的「永安開心兒童夏令營」活動。

3 沒有明天的孩子也有願望

即使沒有明天，仍努力活在當下的每一刻！

當初開辦「永安開心兒童夏令營活動」的消息，是透過台北電台，郭如舜先生主持的「都市風情」節目廣播出去，不久病童家長的報名電話就不斷響起，原來預計兩百人的活動，結果消息才開播，一下名額就爆滿了，其中有一通電話是我接的，對方一聽是我，話還沒講就先哭了：「感謝您們給孩子可以走出去的空間。」……其中，我記得很深刻的是，很多鄉下的阿公、阿媽打電話來，然後拜託我們：「先生，報名日期已經過了，可不可以拜託你，能夠多開放幾個名額，讓我的孩子、孫子也能夠來參加這個活動？」我說我們只有兩百個名額，怕人多了服務不周到怎麼辦？結果他們卻回了一句我聽了也掉淚的話，他說：「我們都住在鄉下，如果小孩子能夠來參加這樣一個夏令營活動，是他這一輩子最大的一個願望，也許這是他這一輩子能夠

參加的最後一次的活動。」我連忙問，為什麼？他哽咽的說：「因為我的孩子是一個沒有明天的孩子，台灣目前的醫療技術，根本沒有辦法來救治的。」又說：「拜託讓他參加，讓他完成這個人生最大的心願。」

另外有些沒報到名的家長，也打來說：「只要你們能讓我的孩子來，我們家長可以不睡覺，可以幫忙照顧小孩，像這樣一個活動，真的很難得，若訂不到房間，我們打地舖聊天到天亮都沒關係。」……像這樣的電話不斷湧來報名，就這樣從原來預計二百人的活動，一下爆增到四百人。家長對參與活動這樣熱烈的迴響，讓我意識到一定要成立社團，社團成立後這些人才有力量，而社團要成長，一定要輿論界、媒體界，充份把資訊帶出去，才會有更多的人得到幫助，也才能找到可以提供贊助的人。成立協會的想法因這個活動已開始萌芽！

這次的夏令營活動參加的家長和孩子很多，這是我們第一次嘗試兩天一夜讓兒童在海邊過夜，我們在這活動的每一刻，其實心裡都很耽心，時間那麼長，人數那麼多，心裡一直煩擾著每個孩子是不是都能平平安安地渡過。

當次活動總幹事許錫松先生、工作夥伴劉福財、邱樹泉、林文筆、李正秋、孫效先、郭彬彬、陳榮德、葉宗青……等，無不戰戰兢兢、全力以赴。

到了永安海濱之後，發現榮總黃主任、台大呂鴻基教授、帶來了許多醫生和護士，看見醫療人員，我們的心就放下來了，加上每個家長都很幫忙，活動很順利地進行，病童玩得很開心，看著家長和孩子玩得這樣開心，也許這對平常人不算什麼，但他們臉上呈現的幸福和滿足，讓我覺得辦一個這樣的活動，真的很有意義。這次活動感動了一位貴賓——當年的立法委員周荃女士，她是協會法律顧問張立中律師的朋友，周委員除了全程參與關懷活動外，還出錢出力，更推動立法「全民健保」解決開心病童醫療負擔。

1991年協會在台北榮總成立時，還跟榮總楊大中副院長一樣，鼓勵大家協會要更邁向成立基金會努力，以累積更多社會資源才能幫助更多的心臟病童。

在這整個活動中，有一位靈魂人物——「台北電台」老台長劉國珍先生，他因感動而加入「開心義工」行列，由於有他的推動以及因他帶來的各種資源，讓這個活動引發了這麼多人的參與，造就了那麼多人的快樂，所帶來正能量的影響，可能也不是當初史料所及，劉台長自這個活動之後，從此投身心臟病協會當義工，一直到今天，還參與著跟協會有關的大小事，只要協會有需要他，他無不盡力幫忙，多年來擔任協會顧問、秘書長、「開心會刊」總編輯，無私奉獻至今二十多年。

試想，當時他是台北電台的台長，基於他的工作職責，報導了和心臟病童有關的主題，但是推不推動這個活動，卻不是他非做不可的事，如果他有一點懶惰，如果他稍不用心，事情從此和他沒有關係了，但劉台長卻是佛心來的，在他的工作職責之外，也運用了他的資源做這社會公益的事，除了讓這個活動盛大圓滿之外，從此催生了心臟病協會，催生了種種相關病童的福利政策，造福了多少病童家庭，溫暖了多少苦澀人的心，他真是佛心來的。以劉台長的所做所為來看，給了我很大的啟示，其實我們一念是魔，一念是佛，只要我們多一點「佛心」，隨手為別人做一點點事，說不定蝴蝶效應就產生了，滋養及催生更多造福別人的事。

4 孩子是夫妻的磐石

因為愛，所以有說不完的故事

在永安夏令營活動中，每個參加的家長和孩子都有說不完的故事，郭如舜先生找我一起將這份感動製作成專輯「家有心臟病童」，代表「台北電台」榮獲「曾虛白新聞服務獎」這是新聞界的大獎有如諾貝爾獎。

第一次來參加活動，因感動而當場加入義工行列和我們一起籌辦這次活動的吳兆京夫婦，他們的故事很令人動容。吳太太說，她懷雙胞胎，懷孕末期的時候，轉變為妊娠毒血症，到了九個月的時候剖腹生產，生出來的孩子，醫生告訴她：大孩子全身發紫，不會哭，經過急救，下半肢都積水；小的因為早產兒，體重只有一千四百公克，所以留在保溫箱裡面，經過四十五天以後，體重夠重了才帶回家。帶回家第三天台大醫院打電話來，因為大兒子已轉診到台大醫院，他們要她把小兒子也帶去看看，因為，根據他們以前

的臨床經驗，雙胞胎中一個有先天性心臟病，另一個也可能會有。當她帶小兒子去台大檢查後，證實他也有先天性心臟病，接著兩個小孩都留在台大醫院治療。

隔了二個星期，當護士幫小的孩子洗澡的時候，發現他心跳越來越慢。情況不對馬上急救，接著就看到很多機器還有管子插在小孩的鼻子上及身上，醫生給他做按摩，就這樣撿回了孩子的生命。

由於兩個小孩早產又是先天性心臟病，本就長期營養不良，發育遲緩，又是雙胞胎，一個人要帶著這樣的兩個孩子，真的苦不堪言，但更大的折磨還沒來，有天小兒子又發病了，又看見許多管子插著他，四、五台機器在他旁邊，醫生不斷的重複的在施救，看著剛從加護病房推過來，不一會兒又推入手術房，在那兩邊不斷的進進出出，一個孩子出來了，另一個又進去了，有時覺得情況危急，好像孩子就要走了，吳太太說她的心情壞到極點，有時簡直要崩潰了，更慘的是孩子的開刀費用如此龐大，真不知該怎麼辦？

而先生為了籌措孩子開刀費用，忙得像陀羅一樣，很少有時間來陪我們，這樣的重擔，每一天每一天都等著他們來挑。可是不管怎麼樣，吳先生和吳太太認為：孩子是我們自己的，孩子既然來了，就有責任撫養他，孩子生病也不是自願的，既然有病就要想辦法幫他們治療。

吳先生每天總要跟太太說幾次：「要忍耐，要忍耐，孩子總有一天會好的！」，經常鼓勵和安慰太太，既然給了他們生命，就要對他們負起全部責任，為了這兩個有病的孩子，夫妻兩人更是心連心。這兩個孩子沒有把他們打敗，反而讓他們夫妻感情更好，也許是這兩個孩子給他們最好的「開心禮物」。

吳先生曾托我代尋，當年幫他兩個兒子捐助大筆醫療費的恩人，我答說：恩人為善不欲人知，何不把這份情傳下去！吳兆京先生從此成為全國開心兒童的「開心爺爺」！歷任「開心協會」秘書長（無給職），終其一生無怨無悔！

開心兒童的生命故事，隨時都在每個角落上演。

5 用信心撕碎病危通知

一次一次接到醫院的病危通知單，接到手都痲痺了，每當接到醫院的病危通知時就把它撕掉……我確信我兒子可以過關……

在醫療保險尚未健全的八〇年代，養育一個心臟病童，家長負擔沈重是可想而知的，陳敬誠夫婦是很好的例子，他們的孩子屬於先天性心臟病最嚴重的一種——法洛氏四合症。

法洛氏四合症，是病童本身沒有一個肺動脈，一般人沒有這個主動脈就不能存活，這是他的孩子的第一個症狀；而小血管很細，則是第二個症狀，照醫生說法：這種情形就像中山北路不通的話，若其他小巷可以，則可以稍稍舒解血流量不夠暢通的狀況。只是這種病童的心房破了一個大洞，所製造出來的血是髒的，只有少部分的血是可用的，所以孩子的養份就不夠，整個成長發育非常緩慢，再加上小血管很細，當血流量過大時，隨時有可能爆掉，一般這樣的孩子，在當時很難活過二十歲。

了解這種病的情況後，陳敬誠先生說，當孩子一開始發病時，不管醫學上也好，宗教上也有，什麼方法都嘗試過了，比如去問神，神說這個小孩子名字不好，取這個名字恐怕存活率很低，於是就幫孩子換名字；又好比問卜的結果要給神明當乾兒子，為了請神保祐他們，也做了；也許有人覺得，這樣的行為很可笑，但對父母來說，如果是自己的兒女，我想你也會和我們一樣去做，有這樣的行為其實一點也不可笑，因為每一個人都會為他自己的兒女爭生存權，而且除了醫療之外，宗教的力量也給了他們很大的幫助，因為宗教給了人們期盼，他們就這樣熬過來。

每天在提心吊膽中過日子，從絕望帶大到十一歲，像這麼嚴重的先天性心臟的孩子，通常出生沒多久就回去了，他卻可以熬這麼久可以算是奇蹟了，在這過程中藉著宗教力量他悟出了一個信念，他不斷告訴自己：「你自己要有信心，你這個兒子一定能夠存活下去。假如自己都沒有信心，怎麼帶給兒子希望。」他接著說：「一次一次接到醫院的病危通知單，接到手都麻

痺了，每當接到醫院的病危通知時就把它撕掉；後來醫生又拿通知單問我看不看，我確信我兒子可以過關，所以都不看。」

別人的孩子也許十個月或一歲就會走路了，但他的孩子兩三歲還在地上爬，他的成長很慢，到三歲的時候買不到鞋子穿，因為他的腳板實在太小，腳板好細。直到有一天，他三歲了，他在家陪兒子，那個時候兒子已能扶著桌邊站，他就逗著孩子說：「陳嘉麟過來爸爸這邊」，他兒子真的一搖一擺的走了二，三步過來了，看著兒子能走路，頓時他的眼淚不由自主的滴落下來，高興的衝過去抱著兒子哭，那時心中的樂比中樂透還開心。

當他聽到台北電台的廣播，知道開心兒童家長聯誼會的活動要辦一個永安夏令營，於是興奮莫名的決定報名參加，當初我有問他有什麼我可以效勞的？這是陳先生第一次接觸這個團體，後來因感動而決定投入家長聯誼會擔任義工，我發覺很多家長茫然無助，醫生要他們怎麼做，他們都會去做，可是家長的心裡狀況卻沒有一個可以舒發的地方，所以每個家長都抱著很期待的心理來參加活動，有些家長甚至問他：「陳先生，你兒子的狀況滿嚴重的，你怎麼能那麼釋懷，是怎麼辦到的？」陳先生說：「不想開點能怎麼樣，難道整天抱頭痛哭嗎？你自己沒有辦法給自己信心的話，怎能給兒子信心，怎麼能讓他生存下去呢？要堅定你自己的信心，不管你的宗教信仰是什麼，用你的意念去延續他的生命，你認為他可以生存，他絕對可以生存，如果你認為他身體很不好，隨時都會走掉，他真的會隨時走掉！」

陳敬誠先生參加了永安開心夏令營活動後，由於深受感動，當場加入義工行列，以「自助、互助、助人」的理念帶動感恩！帶動希望！他的兒子歷經三次開心大手術，十一次心導管手術，至今還在開心的工作！「募人、募心、募發票」！陳爸爸用意念延續兒子生命，歷任「開心協會」理事長，無怨無悔的付出，是全國開心兒童的「守護天使」！

6 該如何面對我的痛？

家裡有個先天性心臟病女兒是一種痛，
失去這個女兒是另一種痛，
對於悲傷母親來說，該如何面對這種痛？

並不是每個開心兒童都有好運氣渡過難關，比起這些苦難中的幸運者，
還有更多熬不過去的開心天使。

寫給悲傷的母親

戴宜虹女士

心柔是一個有先天性心臟病的孩子，一出生便宣告了有一場心臟病的仗要打，和病痛作戰已變成了無法選擇的人生道路。做為一個重症病童的媽媽，我驚慌、焦慮、無助、無奈、悲傷，有著流不盡的眼淚，和全天下家有重症孩子的悲傷母親一樣，在來不及顧著自己的憂傷之前，就必須先和孩子一起，攜手對抗病魔、和病魔奮戰……。

這本書是用盡我的眼淚和心柔的愛完成的。心柔來了，又走了，而我內心的痛和感受卻沒有走，在深沈悲痛過後，仔細體會有心柔陪伴的這十二年當中，回顧過去，其實並不是只有辛苦和心痛，我還擁有很多很多。

心柔不僅長得可愛，又非常的貼心，更有一顆善良、純真的心。這些年來，不管因為心臟病開刀、治療、復健，身體有多麼的難受和折磨，她從來沒有給過我悲苦的臉，她總是淺淺的微笑，有時天真無邪的笑著，又有時羞澀的泯著，那副與世無爭又充滿快樂的童顏，教人忘了她是個病人。她天使

般的笑臉，給我的溫暖、快樂和安慰，遠遠超過因她的病痛所帶來生活上的不便。

她很喜歡幫助別人，見不得人家受苦，看到別人有一點苦，或有一點不方便，好像不去幫人家一下，就會比受苦的人難過一百倍一樣。我想藉著這本書，讓人看見心柔善良的心，和她愛人的力量；也想將心柔曾給我的愛和貼心、歡樂和幸福，讓更多人了解，身體上的病痛，只是人生中一個小小的苦，而愛和體貼的心能彌補一切身體的缺憾，不要因為家裡有重大病患就覺得像是世界末日。

再者，希望藉由這本書，讓更多的孩童了解生命的珍貴與尊嚴，進而珍惜生命、熱愛生命。我還想告訴遇到困境的人，不要想不開，人生有很多路可以走，一個十二歲的女孩是一位生命的鬥士，想活下去的意志力是多麼得堅強，生命的寶貴是上天的恩惠，不要輕言放棄。在生命的某個挫折點，勇敢去面對它，也許會發現這是上天刻意的安排，困境是考驗也是賜予，它給了你另一份生命的體驗。

另外，也希望社會上和我一樣，有著失去兒女或親人傷痛的朋友們，請和我一樣，敞開心扉，不要逃避，勇敢接受這樣的事實和這樣的痛，對於這個不能改變的事，堅定地告訴自己，要接受這樣的事實，並把對孩子的愛，化成大愛，去幫助更多需要幫助的人，把對她們的愛散播出去，分送給更多需要幫助的人，這樣不但可以治療自己的痛，也可以走出一條愛的寬廣道路，這是心柔短短一生給我的啟示。

希望透過這本書的出版，讓天使的心、溫暖的愛，獻給全天下悲傷的母親，願她們悲苦的心都能得到安慰，都能撫平傷痛。把愛傳給更多人，讓每個人擁有更多愛，過得更幸福。

最後，感謝在我悲傷的時候，親人和朋友的陪伴，讓我得以一步一步的走出傷痛；也希望所有跟我一樣處境的媽媽，身旁的人都能給予協助，伸出關懷的手，陪伴「悲傷母親」走出傷痛。

希望透過這本書的出版，讓天使的心、溫暖的愛，獻給全天下悲傷的母親，願她們悲苦的心都能得到安慰，都能撫平傷痛。把愛傳給更多人，讓每個人擁有更多愛，過得更幸福。

最後，感謝在我悲傷的時候，親人和朋友的陪伴，讓我得以一步一步的走出傷痛；也希望所有跟我一樣處境的媽媽，身旁的人都能給予協助，伸出關懷的手，陪伴「悲傷母親」走出傷痛。

第四部　把缺憾還給天地

就用愛，彌補那個追求不到的圓，把缺憾還給天地！

1 愛讓我們團結在一起—成立開心兒童家長聯誼會

不要耽心害怕，我在你身旁！

先天性心臟病的孩子，生來往往發育的比別人慢，和一般正常的小朋友外表雖沒什麼兩樣，較輕微者百分之九十以上可以復原，但較嚴重者會影響智力發展較遲緩，學習能力也較慢，有些行為往往會引來異樣的眼光，有些家長帶小孩出去玩，因孩子長得瘦瘦小小的，又黑黑的，孩子心裡上因此也有些障礙，行為舉止稍微有一點怪異，就聽到別的小孩說：「那個小孩子好畸形喔！」聽到別人這麼說，別說孩子，做父母的也很難過，別人因不了解而無心的言語，讓病童及父母再次的受傷，因此我想，成立一個這樣的團體是必要的。一者可以讓同樣的家庭可以聚集在一起，互相幫助，一者也可以讓更多人認識和了解心臟病童。

為了把病童家長結合起來，讓彼此之間可以互相幫忙、互相鼓勵，讓他們知道不是只有他們這個家庭帶小孩帶得這麼辛苦，還有很多跟他們一樣，甚至比他們嚴重的家庭過著比他們更辛苦的日子，當你發覺別人也是這樣的時候，有個傾吐的對象就不會覺得很難過了。因為對大部分父母來說，小孩子有心臟病，多數父母都開心不起來，他們跟著他們兒女的心臟病一樣，會慢慢的閉塞下去。所以我才積極的想組織一個「開心兒童家長聯誼會」，想利用這個組織讓更多心臟病童的家長可以彼此分享及學習照顧孩子的經驗，甚至可以讓陽光照亮所有病童家長心中的那個痛苦的黑暗角落到大家的心裡面去，所以我們夫婦開始和人分享帶孩子的經驗，讓其它家長們了解我們怎麼帶這樣的孩子，有時還會用：「你兒子狀況比我兒子輕，我兒子都熬得過去，你兒子一定也可以！」來安慰別人。我用這個觀點來安慰別的家長，以這樣樂觀的心態來看待，雖然醫生說嚴重型的孩子若沒有做開刀治療，要活過二十歲有困難，但我心想，十幾年前盲腸炎就會死人，但現在已不算什麼大手術，依今曰醫學的進步來說，十幾年後，相信已能克服現在的問題了！所以我還是很樂觀的！

於是這些同病相鄰的一群人，在民國七十七年（一九八八年）八月二十三日成立了「開心兒童家長聯誼會」，藉著聯誼會交換彼此的撫育經驗，聯誼會成立後，很快受到病童家長的支持而不斷發展，到民國八十年二月二十四日，正式成立了：「中華民關懷心臟病童協會」！

一九九〇年為了創業及創協會，我在青商會長官王安全主任委員的推薦下接任「台北青商、會友聯誼委員會」主任委員，跟隨當年度的會長王清松先生、輔導副會長 楊必誠先生、輔導理事 朱嘉宗先生（何嘉仁美語董事長）、顧問 張立中律師，副主委張智龍、陳榮德先生、學習「無中生有」、「訓練自己、服務人群」的青商精神，當年度辦了很多零預算「無中生有」的活動，如「生命之愛、環境關懷，國際兒童、碧山種樹」等活動。在「碧山開心兒童夏令營」的場地「台北市內湖碧山露營場」把「台北青商」和「日本青商」每年例行的中日兒童交流活動提升。活動總幹事 陳玉玲小姐任職於「嬰兒與母親雜誌社」採訪主任，一九八八年八月曾參與「碧山開心兒童夏令營」的採訪工作及開心協會的創會，經驗豐富，由於活動具備創意及意義，不但讓來訪的日本小青商一生永遠難忘，而且增添中日外交情誼。

這次活動同時代表「台北青商」榮獲「中華民國青商總會」頒贈年度「最優秀環境改善獎」。「家庭、事業、青商會」從活動中及多位青商長官的指導，我學習到，如何兼顧家庭、同時創業、創協會，如何凝聚資源、企劃經營、與公關的經驗和技巧。

創會維艱，公益社團經營不易。未來「開心協會」要幫助的孩子越來越多，不同一般社團有固定的財務收入。如何永續關懷、穩定成長。將會考驗著大家經營、管理公益社團的能力與奉獻的決心。如何留住創會資源，延續、發揚創會的精神！如何培訓更多的開心幹部及義工來落實關懷服務幫助全國的心臟病兒童！我們是全國績優社團是社會運動和風獎—財源獎的得獎單位，過去表現那麼好，將來一定更棒！

2 「碧山開心兒童夏令營」——做你終身的義工

走出戶外，讓開心兒童更開心！

當一個孩子被判定有先天性心臟病時，每個父母初聽到這樣的診斷結果時，就好像被宣告了無期徒刑似的，父母心中的無助和絕望，在面對稚子期望的眼光時，他們要如何接受和面對這樣的挑戰？尤其害怕失去孩子的心理壓力，更長期折磨著父母的心和家庭的幸福，為了給家屬及病童走出戶外，也為了讓更多父母和病童相互交流彼此醫護經驗和心路歷程，於是催生著「碧山開心兒童夏令營」！

一九八八年八月十三及十四日在台北榮總黃碧桃醫師和「台北市國際青年商會」及「台北榮總」的支持下，在「台北市內湖碧山露營場」主辦全國首創的「碧山開心兒童夏令營」，目的在鼓勵心臟病童們走出戶外，奠定了心臟病童協會戶外活動的先例，這個活動成就了我當心臟病童「終生義工」

的機緣。也把 黃碧桃醫師幫助我兒子的這份情傳下去！

開心協會

活動籌備期間，榮總小兒部黃碧桃主任(現為台北市立忠孝醫院院長)介紹我認識了全國第一個醫療基金會——中華民國心臟病童兒童基金會（簡稱兒心基金會）。很榮幸地，能夠認識當時擔任「省立台北醫院」院長，並積極推動創辦兒心基金會的 呂鴻基教授（現為兒心執行長）來指導參與並和當年的台北青商會長 張郁仁先生、活動主委 陳敏華先生、總幹事 張文耀先生，共同呼籲社會各界一起來關懷先天性心臟病兒童及其家庭。

此次活動來了100位心臟病兒童，他們由開心爸爸、開心媽媽帶領，在開心爺爺 呂鴻基教授與開心奶奶 孟春昌教授及 黃碧桃主任、楊明倫 教授、王南琨 教授，張嘉侃 醫師…等各大醫院小兒心臟專科醫師的現場指導下，開開心心的走出戶外，做動態追蹤檢查並交換撫育經

◆開心奶瓶發票箱—製作方法

◆作者創意—開心奶瓶發票箱

驗，醫師們看到孩子們健康的歡笑也忘卻了看診時的疲勞，非常感動。「台視新聞熱線追蹤」及「嬰兒與母親雜誌」，將這份感動忠實報導，引起了全國各界很大回響。

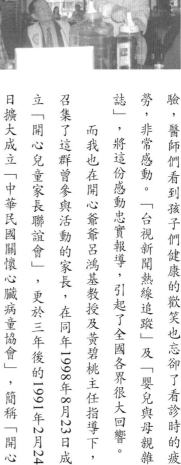

而我也在開心爺爺呂鴻基教授及黃碧桃主任指導下，召集了這群曾參與活動的家長，在同年1998年8月23日成立「開心兒童家長聯誼會」，更於三年後的1991年2月24日擴大成立「中華民國關懷心臟病童協會」，簡稱「開心協會」，由我擔任創會理事長。

承續「碧山開心兒童夏令營」點燃起的火把，協會在「兒心基金會」全體同仁的指導及協助下，持續帶領開心家長們，發揮「無中生有」、「訓練自己、服務人群」的青商精神「自助、互助、助人」，一起為全國心臟病兒童的「就醫、就養、就學、就業」而努力。我們更學習開心爺爺「幼吾幼以及人之幼」的精神，完全落實在孩子身上，協會在歷任理事長、陳敬誠、邱樹泉、許錫松、林文筆、許世春、現任理事長 林玉華 、秘書長劉國珍、歷次活動總幹事及協會志工朋友等的努力下辦理冬、夏令營，經驗交流，志工講習，並陸續成立台北、桃竹苗、中部、雲嘉南、南部、花東、土城市及基隆市等服務中心（辦事處）。

1995年起和「國父紀念館」及「台北電台」共同主辦「關懷下一代系列講座」。凝聚當地家長的力量，落實居家服務及關懷。至今幫助過的病童已超過20,000人次，因而得到內政部及全國各界的肯定，並榮獲2次全國績優社團及第三屆社會運動和風獎。

開心爺爺 呂教授也曾帶領我們「為心臟病童之家起跑～給全世界第一座心臟主題公園催生」，現今協會為了協助心臟病童能夠順利就業，辦理「募人、募心、募發票」活動，幫助長大後的病童就業及新生兒就養就學。

這個「募人、募心、募發票」活動來自於「台北青商25會」，2005年我 輪值擔任會長的創意及感恩，得到感動。因而提撥20000元的年度會務結餘款，招待100位心臟病兒童「感恩、回饋、尋根」之旅；參觀

「台視電視博物館」，感恩「台視熱線追蹤」在1988年8月「碧山開心兒童夏令營」的報導及催生！意外得到「台視公司」及當家主播劉麗惠小姐的感動及回饋！順勢發起「募人、募心、募發票」。

「台北青商25會」有多位會友曾經參與創會、捐款，如張智龍、陳敏華、楊必誠、林志宏、許錫松、陳榮德、柳茂山、施純陶、蕭志輝、張再發、陳良堅、李憲貞、林德宏（太太為嬰兒與母親雜誌記者 陳玉玲）、張孟育（新北市紅十字會長）、柯景昇（前台北市議員、催生心臟主題公園）、鄭煒煌（催生心臟病童之家及主題公園）、陳正忠、蘇福全（公司捐款兒心）、……等等來自「台北青商」的「開心叔叔」、「開心爺爺」！

◆「募人、募心、募發票」活動照片

陳敏華先生當時擔任「碧山開心兒童夏令營」活動主委，由於深受感動，於是節省結婚開銷30,000元，作為「開心禮物」讓剛成立的「開心協會」及全國「開心兒童」同享喜悅！

許錫松先生家有心臟病童，於任職「中視新娘婚紗禮服公司」期間不但捐錢而且出力，擔任「開心會刊」創刊社長、多次活動總幹事、理事長。曾榮獲「中華民國傑出企業經理人」，他把優質的經營、管理及服務理念當作「開心禮物」獻給「開心協會」！

◆台視及5566團體「募人、募心、募發票」活動照片

呂鴻基教授（前排左二），黃碧桃院長（後排右二），5566許孟哲（前排左三）、孫協志（前排左四），前台視總經理 鄭優（前排右三），當年理事長陳敬誠（前排右二），創會法律顧問 張立中（後排左三），創會會務顧問 王清松（前排右一）開心會刊社長 許錫松，台北青商25會會長江文財、柳茂山，前理事長 許世春，高瑞協顧問（笑笑功），創會理事長 葉宗林。

2006年2月11日台視及5566團體響應「募人、募心、募發票」活動活動照片由商流世界 陳景坤總經理（後排右四）提供。

兒心基金會

兒心基金會在1971年6月創辦，創會維艱，從「一日救一心」成長到「一日救二心」、「兒心之家」。40年來有很多活動如「好心救好心」、「嗨！分一點你的心」、「愛，在每個心跳」。讓全國的心臟病兒童及家長十分感恩，1990年蒙「兒心基金會」創辦人 呂鴻基教授，提拔擔任董事，學習更高層次的奉獻工作。1991年「開心兒童家長聯誼會」也在「兒心基金會」的催生及指導下，成長為全國性的「開心協會」。

兒心基金會從1971年創辦至2010年共補助心臟病兒童28,587人，其中醫療補助4,383人，轉診補助24,204人。學生心臟病篩檢檢查人數1989年至2010年共1,905,208人次。還有心臟病童獎學金，預防醫學研究及推廣。

2006年「兒心基金會」和「台灣兒童心臟學會」，共同編輯出版「認識兒童心臟病」一書，書中詳述一、認識正常的心臟二、先天性心臟病的種類三、後天性心臟病四、心臟病病童與運動五、中華民國心臟病兒童基金會合約醫院。這本小冊是心臟病童家長或監護人最需要的參考書。2011年適逢40週年由天下文化出版社出版「愛，在每個心跳」一書書中詳述：「中華民國心臟病兒童基金會」和12位心臟病兒童的故事。

根據調查5歲至18歲的學童，約有百分之一患有心臟病，包括先天性心臟病、風濕性心臟病、川崎病、心律不整等，這些病童都需要早期診斷、治療並定期追蹤，以免病童病情惡化，甚至在日常生活或運動中突然死亡。「兒心基金會」為了讓大家對各種心臟病的發生、治療及預防更了解而作的努力，全國的心臟病童及其家長都很感恩！

3 得獎的是……心臟病童之家

得獎的是……自助、互助、助人……

我們結合家長力量，「自助，互助、助人」，發揮「無中生有」「訓練自己，服務人群」的精神，有效地結合各界資源「以一當百」落實在孩子身上，因而榮獲了內政部評定為全國績優社團，而後又得到第三屆中華民國社會運動和風獎，及「為心臟病童之家起跑，給心臟主題公園催生」。這是全國二十萬心臟病童及家長心手相連的成果，也是協會成員努力得到社會的肯定與期許。

一九九一年創立了「中華民國關懷心臟病童協會」，篳蕗藍縷，從草創到發展，百事待舉。蒙協會理監事同仁及各級幹部義工齊心努力和辛勞，終獲得內政部一九九二、一九九三兩年連續頒發績優社團獎，這個獎是這些日子來最大的鼓舞。也是給全國二十萬個心臟病童及其家長最大的鼓勵！

因此於一九九三年蒙內政部長 吳伯雄先生推薦，我曾入圍第三十一屆「中華民國十大傑出青年」！

一個不會讀書的小孩！一個勇敢的開心爸爸！一個同時創業、創協會的青商會友！除了感謝，還是感謝！

TAIPEI 臺北市政府工務局大地工程處

4 不會讀書仍有夢——心臟主題公園未完成

不會讀書的孩子，永遠對生命抱持著不斷創造且熾熱的心，從一九八八年舉辦「碧山開心兒童夏令營」開始，一直到今天，始終想著要催生「心臟主題公園」……。

一九八八年八月中旬，台北市國際青年商會、台北榮民總醫院和開心俱樂部共同為全國心臟病童舉辦的「碧山開心兒童夏令營」，地點就在台北市內湖碧山露營區，就因為這個淵源，有了在碧山露營場設置「心臟主題公園」的想法。

這裡是左心室，沿著那條血管往前走，就可以到右心房了，順著血管往下走就到了身體的另一個迷宮……。這不是科幻電影，而是內湖碧山心臟主題公園的場景……。

為了催生這個全世界第一座心臟主題公園，在邀集了王清松顧問、榮總黃碧桃醫師及當時建設局林逢慶局長、陳志慎科長等人的策劃下，結合了衛教、觀光、娛樂及公益的主題公園。據黃醫師的規劃，未來整個營區規劃為人體造形，每一露營活動區均以人體重要器官命名，其中以心臟主題公園為參觀起點，並根據血流方向一步步認識身體器官，並從中得知相關保健常識，從小建立保健觀念。此外，心臟主題公園將來也計劃提供露營住宿服務，讓開刀前、後的心臟病童及其家長住上幾天，一方面給予心理輔導，其次則提供一個返家前的休養環境。而平常假日更是家長與病童戶外休閒娛樂的好地方。

針對公園的規劃，王顧問說：公園的設計分有靜態和動態，靜態方面提供影帶的觀賞及一些相關講座，讓家長在這二、三天的活動中能了解如何面對家有心臟的病童，建立更正確健康的觀念；而動態方面則有露營活動，並分別為輕度、中度、重度病童設計合適的運動，透過整個公園的規劃去認識人體的器官，也讓小朋友及家長來認養花草樹木，培養對大自然的關愛，整個過程也都會有受過訓練的義工來輔導小朋友及協助家長。

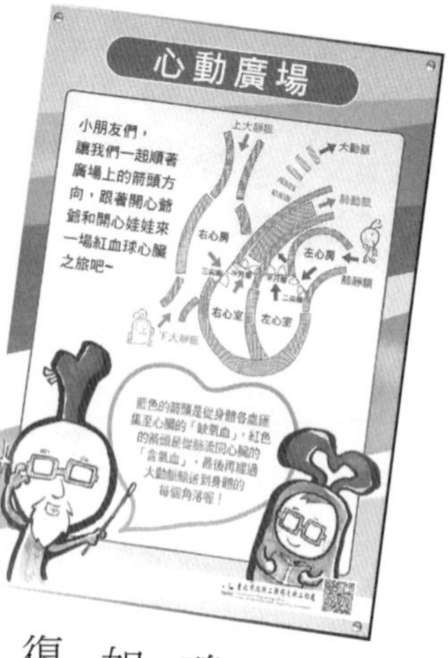

未來我們也希望開刀後的病童能夠全家，常來這碧山露營區，透過全家人共同參與活動，讓家人學習如何急救、如何跟一個心臟病童相處，如何去協助他康復；未來開刀是什麼情況，我們也會有專業的醫師義工在營區裡做輔導。至於開刀後來這裡露營爬山，營區裡會在「兒心基金會」呂鴻基教授的指導下做輕度、重度運動的區分，會有清楚的標示，讓家人陪伴一起，也有集體的病友在一起互相鼓勵，相信對病童的復原，家人的心情都是健康而正面的幫助。相對的營區裡也會需要很多服務人員，這些我們會優先考慮給長大後的心臟病童，提供他們就業的機會，這是主題公園最大的目的。

成立主題公園，除了希望讓心臟病童有一處安全的活動空間及提供未來他們就業機會之外，更希望透過公園的成立，讓社會大眾了解並幫助這些心臟病童家長們需要工作的機會，這就是對他們最好的幫助。而協會未來也會向勞委會爭取有關就業的培訓，如電腦，語言，繪畫，傳播，廣告等機會，更希望藉著這主題公園，盼望政府社會大眾及各企業團體，發揮您最大的愛心，支持主題公園，讓這個公園發揮衛教，觀光，公益的功能，成為全世界第一座心臟主題公園。

這個建造心臟主題公園的夢想，從發想到推動經歷了漫長的時間，後來台北市政府、除了已完成三百人份的兩座露營場地之外，原本計劃二、三年內會全部完成，但一直仍是個未完成的夢想，一直到筆者這本《不會讀書的孩子》出版，黃碧桃院長把這本書推薦給郝市長、衛生局林奇宏局長及大地工

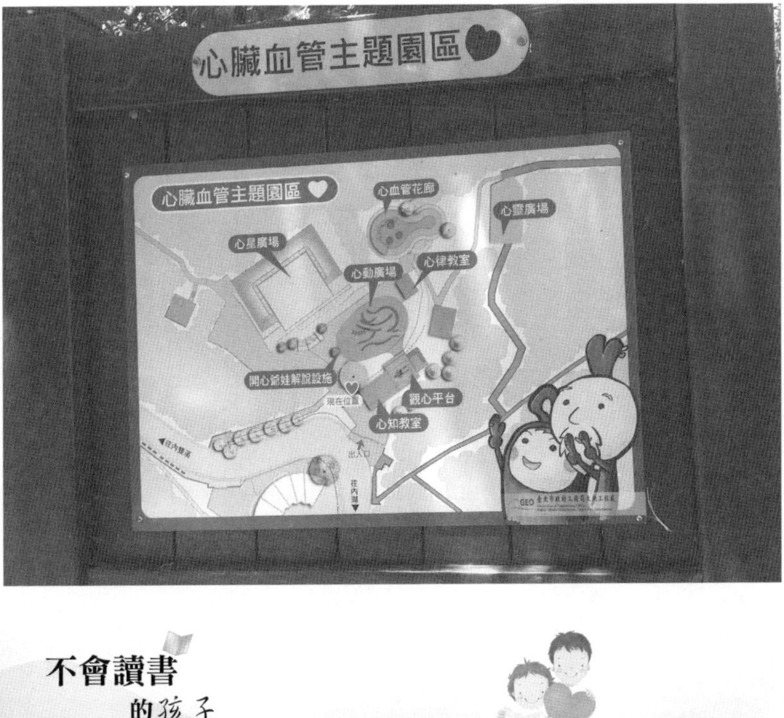

程處林裕益處長參看後，後來終於確定建造這麼心臟主題公園，並於2016年完成了心臟血管主題園區第一期、第二期工程。

未來的心臟主題公園可以擴大整合，把三軍總醫院國防醫學院包括進來，一直到現在露營場，心臟主題園區，再往山上走正好是中藥栽植農場，和醫療有關，所以應從山下到山上，並橫跨越整座山，把這整座山開發成台北觀光醫療園區，把它變成一個戶外教學，學習，旅遊的園區，打造一個以醫療觀光為主的主題園區，一方面造福國人，一方面推動台北醫療觀光，只要這個園區打造的夠國際水準，那就可以一如大陸黃山或九寨溝，吸引國際觀光客來台旅遊，所收益的門票及其它收入，就可以注捐給心臟兒童或是心臟病患者。

現今台北市柯文哲市長是葉克膜專家又是世界心臟權威也是朱樹勳院長及呂鴻基教授的得意門生。

台北心臟主題公園，希望有打造成功的一天。

5 分一點你的心，讓和風吹起

分一點你的心，創建美麗新世界。

繼慈濟證嚴法師（一九九一年）於一九九三年獲中華民國第三屆社會運動和風獎……

為了導正社會亂象，淨化人心，由一群民間社運人士組成的中華民國社會運動協會成立，並設立了和風獎。設立和風獎的目的是為了鼓舞人們積極行善，讓行善為社會帶來正面影響，也給社會做為楷模和示範作用。

由於九〇年代，全民健保還沒開始，一般心臟病童父母的年齡大多在二十五歲到三十五歲之間。大多數是剛在創業或擔任基層的工作人員，一般經濟基礎薄弱，而且因為病童就醫常須請假，工作不安定。往往為了籌措病童的開刀費、開刀後的照護費、真的非常困難的過生活。甚至有人籌措不出開刀經費，放棄治療，而失去了寶貴生命也多有所聞。

以我自己為例，當時就是為了要籌措兒子的開刀費用，才勉強退役、領取退休金來為兒子開刀，然而開刀後，自己因是軍人退役沒有專長，一時找不到工作而創業。創業維艱，夫妻兩人，時常三餐不繼又羞為人知。相信多數家庭也面臨同樣的困境。

由於親身經歷，對於其他病童所受的苦，更是感同身受，為了解決病童和家長的困境，於是二十多年來協會每年寒暑假舉辦活動、如以下地點「金車輔迪」、「榮總」、「菁菁農場」、「永安」、「埔心」、「木柵動物園」、「台北兒童育樂中心」、「華視鑽石舞台」……後更擴大為南部，中部的心臟病童分別舉辦高雄澄清湖、台中亞歌花園、台北金山活動，及全國第一屆心臟病童獅子杯美術繪畫比賽，華視、中廣、警廣、獅子會、同濟會等傳播並多處愛心團體參與。接著更有台視、中視、公視……多家媒體專輯報導，協助推廣協會工作，讓所有的病童和家長都受惠。

這段期間為了病童的照護和輔育四處奔走，凝聚各界社會資源和力量，來為病童和家長做更多事，後來協會之保母會「兒心基金會」：因「好心救好心」與「嗨！分一點你的心」等公益廣告文宣執行成果而榮獲中華民國第二屆社會運動和風獎之後，協會也得到社會各界的支持與肯定，於隔年也獲得大會頒贈中華民國第三屆和風獎。同年一起獲獎的還有：佛光山文教基會、中華兒童福利基金會、董氏基金會、台北市勵馨社會福利基金會、寬達食品股份有限公司、法鼓山聖嚴法師……等十個單位和個人。

能得到這個獎項是鼓勵，也是對協會的肯定，因為真正得獎是全國的心臟病童及其家長，是大家的努力得到社會各界的肯定與鼓勵。得到這個獎項不是工作的結束，而是沈重工作的開始，從那天起，我們更師法其它公益團體，如「張老師」、「消基會」，「董氏基金會」等的義工制度，更要加強整合各界資源，做為政策的催生與推動，關於病童的輔育工作、如冬夏令營，寶貝心事座談會，關懷下一代醫療教育講座等等工作還待努力與催生。期望社會各界能「分一點您的心，讓和風再起！」溫暖每個病童和家長的心。

6 開心禮物

奉獻興趣與專長，作為禮物很「開心」。

回想一九九一年二月二十四日，「中華民國關懷心臟病童協會」（簡稱開心協會），在「台北榮總」成立後，蒙台北電台「都市風情」節目主持人郭如舜先生介紹他的同事，敖冰欣（冰冰）小姐，擔任協會最早期的義工團團長，敖團長的快樂家族聽友會有位聽眾朋友—姚孟慈小姐，當時任職於宏廣股份有限公司擔任美術設計的工作。姚小姐曾來協會當義工，很受感動，願意協助剛成立的「開心協會」，向她任職的公司尋求資源，設計開發代表協會的LOGO標誌及CI識別系統。於當年7月中旬約在新店—宏廣公司和她的主管見面。

我在赴約前一小時，突然接到通知，在醫院待產的太太即將臨盆，要我立即到醫院照顧。當下內心真是掙扎，但基於對心臟病童及協會的使命感。於是毅然決定，選擇如期赴約。

等回到醫院，看到剛出生的女兒，內心滿是歉疚！太太不但沒有埋怨，反而還提醒我：趕緊打電話給宏廣公司報平安及說聲謝謝！感謝宏廣公司以企業回饋社會的心，完全免費幫協會設計LOGO等，甚至包括7500份的協會簡介和祝福！

宏廣公司是知名的動畫設計公司，美國華納公司、迪士尼、紅孩兒……等，很多世界知名的卡通人物，都是來自宏廣的創作。宏廣公司和台北電台的 郭如舜先生、敖團長、孟慈一樣，默默的奉獻興趣與專長，作為「開心禮物」，還要我們節省感謝狀的費用。只期待代表協會的LOGO標誌「開心兒童」，有朝一日在大家的關懷下，也能成為下一個世界知名卡通人物！以「支持、陪伴、讓心感動」幫助更多的心臟病童成長！

二〇一一年五月二十日，我陪同協會新任理事長林玉華女士，赴桃園大溪探望一位開心青年——誌恩的爸媽和祖母。這位心肝寶貝是單一心室，堅強的經過多次開心手術，還是無法挽回生命，得年十七歲。同行的理事長和常務理事芳玲及開心媽媽明香，溫暖的擁抱阿嬤！臨走前，這位「開心阿嬤」一再邀請本會桃竹苗服務中心主任秋桂（也是開心媽媽），一定要常常帶開心兒童來玩，等稻米成熟收成後，一定要來烤地瓜、叫阿嬤。「開心家長」彼此間「自助、互助、助人」心手相連，是協會成立二十週年，最珍貴的「開心禮物」！

誌恩因為常常需要就醫，而耽誤課業。國中畢業後選擇跟隨爸爸學習修理機車的技術，由於有興趣，不到兩年就成為一位功夫精深的師父，進而成為機車店老闆。是大溪地區知名的機車店，生意很好。誌恩雖然是一個「不會讀書的孩子」，但由於家長的開明與智慧，讓他有機會發揮興趣與專長。生命雖然短暫，但是活得充實，活得快樂！

二十年來協會有多少個「不會讀書的孩子」，我們曾經關心過嗎？還是仍處於「萬般皆下品，唯有讀書高」的想法，逼瘋小孩、氣死爹娘！生兒育女為何？不妨給他一個關愛的眼神！溫暖的擁抱！愛的鼓勵！做一個能包容、有智慧的父母！

小時候，我也是一個不會讀書的孩子，國中、高中時總共留級三年。幸好爸媽有「等待的智慧」，用愛來包容我，說我頭腦還沒開竅！安慰我、鼓勵我、讓我往興趣、專長發展，而改變我一生。不會讀書、一再留級的往事很丟臉，但是並沒把我的人生變成黑白，於是我勇敢的出版《不會讀書的孩子》一書，由「博客思出版社」出版發行。希望帶給全世界的學校老師及家長們「開心、開新！」的觀念，以及對所有不同特質的小孩有「等待的智慧」。讓不會讀書的「開心兒童」，化危機為轉機，人生也會是彩色的！

也有許多人嘆息沒有能力送別人禮物，但是我們都忘了，我們擁有好多寶藏，是別人最需要的禮物呢！讀過杜會長的〈禮物〉這篇文章後，相信每個人都有能力送給別人禮物。

送禮很簡單，一九九〇年，一個剛從「世界新專」廣電科畢業的，台北電台節目主持人郭如舜先生，熱心的邀請我上節目，推廣「永安開心兒童夏令營」活動及「開心協會」的催生，意外的引起迴響：報名人數由二百人暴增為四百人。一九九一年「台北電台」的新聞部及節目部，請郭先生邀我一起將這份感動製作成專輯「家有心臟病童」，分段播出時，由於感動了很多

聽眾朋友及電台同仁，因而代表「台北電台」榮獲「曾虛白新聞服務獎」這是新聞界的大獎，郭先生將獎金（約20000元）捐出。送給剛成立的「開心協會」及全國心臟病童作為「開心禮物」！前台長 劉國珍先生及其多位同仁也陸續加入「開心義工」、「開心禮物」的送禮行列！劉國珍先生歷任顧問，現任秘書長及開心會刊總編輯，至今默默的犧牲奉獻已20多年。佳音電台的 呂思瑜台長、艾麗珍小姐也幫了很多忙。劉台長、呂台長（牧師）、艾小姐、熱心助人，奉獻愛心及專業，是「開心兒童」「開心家長」心目中的「開心爺爺」「開心牧師」「開心姊姊」！

一九九五年郭如舜先生再度於人人電台發起「粽心救好心」活動，在當任理事長 陳敬誠先生的共同努力下，將台北縣婦女會捐贈的1300顆粽子、竹東地區農會客家美食中心500顆、三峽鎮農會中式米食加工廠500顆、樹林鎮婦女會400顆、黎明社區300顆、松江社區理事長蔡雪泥300顆……等約3000多顆粽子，義賣了30多萬元，作為「為心臟病童之家起跑、給心臟主題公園催生」的籌備基金。

協會的原始發源地…臺北市內湖區碧山露營場，起源於一九八八年八月十三、十四日「台北榮總」和「台北青商」接受我的建議：共同在此舉辦全國首創「碧山開心兒童夏令營」活動，蒙「台視熱線追蹤」及「嬰兒與母親雜誌」忠實報導引起全國各界廣大的迴響。為了感恩我在 黃碧桃院長及 呂鴻基教授的指導下，召集了開心家長 劉福財、邱樹泉、郭彬彬……等成立「開心兒童家長聯誼會」，又於一九九一年二月二十四日正式成立「中華民國關懷心臟病童協會」，由我擔任創會理事長。為了推展會務，幫助全國心臟病兒童及提升台北市的國際地位。當時我有個創新的構想，就是將「台北市碧山露營場」變成全世界第一座心臟主題公園，在現有家庭式露營區

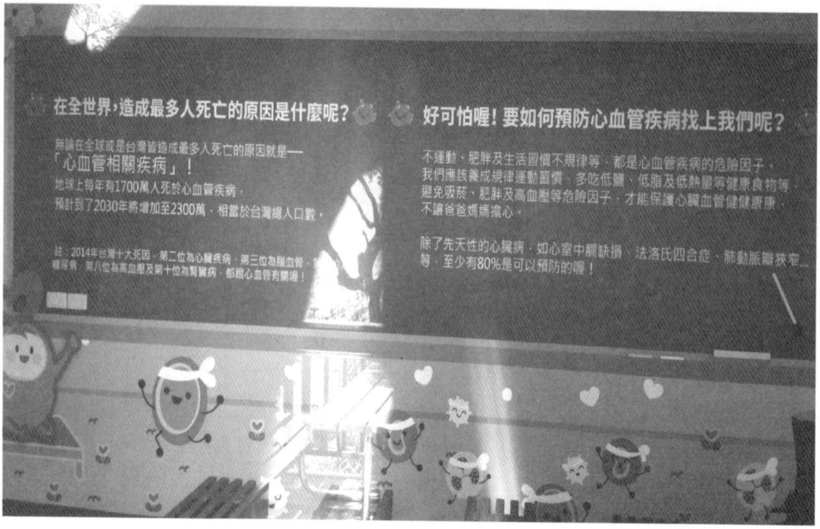
在全世界，造成最多人死亡的原因是什麼呢？
無論在全球或是台灣皆造成最多人死亡的原因就是——
「心血管相關疾病」！
地球上每年有1700萬人死於心血管疾病，
預計到了2030年將增加至2300萬，相當於台灣總人口數。
註：2014年台灣十大死因，第二位為心臟疾病，第三位為腦血管，
糖尿病，第八位為高血壓及第十位為腎臟病，都跟心血管有關喔！
好可怕喔！要如何預防心血管疾病找上我們呢？
不運動、肥胖及生活習慣不規律等，都是心血管疾病的危險因子。
我們應該養成規律運動習慣、多吃低鹽、低脂及低熱量等健康食物等，
避免吸菸、肥胖及高血壓等危險因子，才能保護心臟血管健健康康，
不讓爸爸媽媽擔心。
除了先天性的心臟病，如心室中膈缺損、法洛氏四合症、肺動脈瓣狹窄...
等，至少有80%是可以預防的喔！

為基礎的範圍下，增加衛教、觀光、公益、功能，園區步道由專業設計為血管步道，露營區規劃為心臟造形，心臟保養、預防教育及園區導覽與服務工作，優先提供給長大後的「開心兒童」。建設成全世界第一座心臟主題公園。大家可以大聲告知全世界，我國的心臟醫學進步！歡迎來台灣醫療觀光！就像「台北市關渡自然公園」、「台北市野鳥協會」的公辦民營模式一樣。

第五部　漫步在雲端，世界大不同

只要你有才華，只要你有實力，有才華就不會寂寞，雲端網路讓你通往世界大舞台。

1 讀大學不是唯一選項

與其一無所獲的坐在教室裡浪費時間，不如走出教室找尋自己的人生。並不是每個人都適合讀大學。

讓孩子考進大學，是台灣大多數父母的核心想法，這觀點就像放射粒子一樣照四方，對每位父母來說，看上去是無可辯駁，考不好成績，進不了大學，好像孩子的人生就沒有好前途，所以考試考幾分，就注定了這個孩在家庭裡的地位和尊嚴、快樂與壓力，其實並非每個孩子都適合上大學。

台灣大學普遍化之後，人人讀大學好像成了必然要求，但據任職大學的教授們說，這些年升入大學的孩子們，有很大部分成績都非常差，有位教授在一所規模不大的私立大學和社區大學裡任教，他教授的是文學課程，他說在大學裡其實充滿了叛逆的孩子，要求他們讀課程裡的書，不如看他們在塗鴨牆的留言有意思，這個教授看到課堂裡的學生一半以上交來的作業和論文，不知道寫些什麼，除了錯字連篇，語句不通之外，更離譜的是全篇言不及義，不知道寫什麼？與其說是論文或文章，不如說是心情日記還好些。

一個孩子從國小到國中，然後到高中，學習的次第一層一層可以漸次了解孩子的興趣和能力，父母期望孩子考好成績讀大學，但是不是每個孩子都有能力或者說有興趣讀大學？孩子進入大學後，看到學生這種學習成果，試問為什麼要浪費一個青少年的青春和金錢，讓他們讀這種浪費生命的課程呢？有些窮苦家庭的學生更慘，為了讀大學，還要貸款繳學費，不但沒學到東西，一畢業就要背負龐大的債務。

如果你向學生或家長說：「ＸＸＸ人不適合上大學！」那這句話聽起來既刺耳又好像有階級歧視的嫌疑，感覺好像宣判一個人一生沒有前途一樣。而一般了解學生這種情況的教育人員，甚至沒有說真話的勇氣，然而現在大部份的人都大學畢業了，除了小部份的人從事學術研究或科班工作之外，絕大部分的人大學所學並不能讓他們用在就業上。反而是因上學背負了一大筆債務，為了償還這筆債務，他們也許要用很多年，才能還清債務好好生活。

反觀社區大學或其它如ＥＭＢＡ等教育課程，除了一部分退休人員消磨時光之外，大部分都是就職後發現自己學有不足的人再來進修學習，這和一開始就勉強他們來讀大學是全然不同的，因知道不足才來就讀，這樣的學生很明確的知道自己進學校的目的是什麼？要學的是什麼？想得到的又是什麼？這樣為了學以致用而來學習的人，不但學習效果好，學習過程也因是自己主動的而充滿樂趣。

現在許多勉強為大學文憑進入學校的學生，由於不是自己的興趣，也不是自己想要的課程，更多沒有這方面能力的學生，進了大學去攻讀他們可能怎樣努力都無法通過的課程，這樣的學習模式是不是有人在為深受這些苦難的學生深層思考過？這樣影響的層次不止是青春，金錢，學習難題等問題，對一個學習者往後人生深遠的影響，更應是衛道人士該去想想的。

針對沒有升入大學的就職學生，例如修車或水電或工廠作業員，服務人員，教育人士或許更該讓每位家長和學生了解的，不是鼓勵人人升大學、而是提倡如何尊重藍領工作的尊嚴，了解生命的價值，而不是做一個被大學升學觀念所傷害的人。

對學生不想上的課程，每當上課眼看著那些沒有興趣的學習，這些學生甚至常常不管如何準備，考試都不能及格，對研讀課程費力不討好，有時甚至被壓力逼到憂鬱症，這樣的學習到底有什麼意義？與其做一個卑怯懦弱跟在人群裡一起擠大學的人，不如勇敢面對自己的興趣和能力，唯有真實的面對自己的能力和興趣才是邁向成功的法則。

其實一個人的成敗全靠自己，依著自己的興趣和能力才能走一條暢通無阻的道路，有沒有讀大學？或何時讀大學？都不是很重要的事。

2 成功人士，有幾人會讀書？

盡情展現自我的才華，
發揮自己最大的效能，就是成功！

孩子小的時候，學校以升學為導向，所有學生學習的重點都是為了分數；為什麼要考好成績，得到高分數？因為升學是以成績高低決定孩子就讀那一所學校，而學校的排名，卻被普遍的家長以為，這和孩子未來的成就、一個人的一生是否成功、是否幸福美滿有絕對的關係！但事實是不是如此？這似乎是家長們最該去了解的。

文憑是不是孩子學習的最終目標？歷史上和現在工商界那些領袖人物，有幾人是所謂名校高學歷出身的，為什麼有那麼多有成就的人物，學習階段也是個不會讀書的孩子。而這些領袖人物，他們之所以成為各方面的的頂尖人物，多數還是因為從小尊重自己的興趣，培養自己的專長和能力，然後加以發揮才有所成就的。

有許多家長執迷於高學歷的迷思，執意要孩子努力追求分數，讀書，讀書，再讀書，讀完了高中，讀大學，讀好了大學讀研究所，讀好了研究所還不就業，繼續讀博士班，而博士班，尤其人文科系的博士班學位更難取得，於是一個孩子往往讀書讀到了四十幾歲還在等著拿博士學位，四十幾，人生有幾個四十幾年呢，一個人把大半的青春都用在讀書上，還沒就業，還沒結婚，人生還還開始，幾乎就可以退休了。這樣的人生，在每個年齡該有的畢業，就業，戀愛，結婚，立業，成家等過程……每一個年齡該有的生活體驗，都被讀書磨蝕掉了，那樣的人生，就算真的拿到了博士學位，又有什麼精彩可言？

更何況，現在這個教育機構普及到大街小街都是大學，研究所，博士班的狀況下，碩士和博士，已多過馬路上的石頭了，因為在鋼筋水泥林立的都市，路上要找一顆石頭還有點難，但迎面走來，一百人之中，至少有五人是碩士，博士的。這樣看來，高學歷實際上已經浪費掉人生很精華的青春了。

再者，現今的職場，到底有沒有需要這麼多的碩，博士呢？是不是所有的工作，都需要那樣的高學歷才能做得好？會不會有一種狀況，高學歷不但不是就業的保障，還可能是就業的包袱？何況有些人自勢高學歷，以為自己高人一等，因自傲而不能彎下腰、捲起袖子、務實的工作？這些因分數和學歷造成的教育問題，做為家長的，更應該思考，要讓自己的孩子走一條怎麼的人生路？

如果這個孩子的天份不在讀書，家長卻一味的要求孩子分數，每天勉強，壓迫，每一個孩子的所有學習興趣都抹殺掉，那樣孩子真的能承受你給他的壓力嗎？這樣真的是你要給孩子的人生呢？如果孩子因受不了壓力而造成傷害，父母的心又該如何？

在這個多元的年代，一個人無論從事什麼工作，只要自己的能力得到發揮，實力就在那個專業裡，能超越別人，那成功也是無人能擋的。因為現在是一個網路的年代，網路是一個世界大舞台，每個人都能用自己的方式在世界的舞台上盡情的表演，只要你的實力夠，只要你得到別人的讚賞，在網路這個世界大舞台上，都可以盡情展現自己，因為網路的年代，整個社會的商業行為，將只剩下生產者和消費者，所有的通路商，都將被網路取代，通路再也不能限制產品的道路了，如果你是一個優質的生產者，只要有網路，你便可以把產品直接賣給客戶，不再需要大盤，中盤，小盤等等經銷商了；而如果你是一個有才華者，也和商品一樣，機會不再需要靠別人的關係和提拔，因為網路可以讓你的才華很容易展現，很容易被發掘，也很容易找到你的買主，這就是未來雲端年代的特性。

所以如何尊重孩子的特質，發現孩子的特質，如何培養他的專業能力，才是培養他未來的競爭力的方式，而不是高分數。

另外，以賺取的錢財來說，周杰倫，吳寶春，王建民，林育群……他們每個人賺的錢都是一流大學學生的好幾倍，甚至要大半生或好幾輩子才能賺取到的，如果他們的家長從小沒有尊重他們的才能，那今天他們能有這樣的成就嗎？

3 養成做事的好習慣勝過考試得好成績

對自己的行為負責，敢做敢為，
不怕失敗。對錯對學習中的孩子來說只是一個過程，
真正要教的是讓孩子學會把事情做得正確和完美。

我的父親是淡江大學（英專）畢業的，在四五十年代那算是高學歷了，他曾在國中任教英文，後來為了繼承祖業才回家務農。從小父母親給我的教育就是「會罵我因拆手電筒卻未收妥工具，卻不會因為成績滿江紅而責備我。」，我記得最清楚的是，當父親接到我的留級通知單時，不但沒責罵我，還摟著我的肩說：「孩子，人總有跌倒的時候，你不是腦筋不好，只是還沒開竅，我們再加油！加油！」，當時看著21分的英文成績單，羞愧的想離家出走的我，一輩子都沒忘了爸爸當時這翻安慰的話。

父親或許天生是個教育家，當他面對我那永遠不及格的成績時，他並沒

有把成績好壞當做我學習的重點，我考試的分數高低對他來說並不是那麼重要，因為他覺得更重要的是我能不能有一個好的做事態度？能不能有一個好的做事觀念？和能不能有一個好的做事習慣？

舉例來說，當時一再留級的我，他沒因分數考不及格而打我，但是當時是個「破壞狂」的我，看見玩具就拆，看見工具也拆，看見任何東西，都禁不起好奇心的誘惑，非拆開一看究竟不可？

對於我這種破壞行為，父親也沒有怎麼責備我，但是他們要求我，把拆開的東西復原回去，把使用過的工具放回定位點，把弄髒的地板清理乾淨，一件工作從開頭到收尾，每個步驟和細節，有開始使用就有完整結束，他絕不放縱我，使用後的工具隨手亂丟，拆一半的玩具隨處擱置，如果我做了一件有頭無尾的工作，他便會毫不留情的修理我！對於他的這些要求，當時年紀小，真的不明白為什麼？隨著年紀的增長，漸漸的瞭解，有一個好的工作習慣，有一個好的工作觀念，有一個好的工作態度，才能澈底把事情做得正確和完美。這樣的做事習性一直延伸到後來的軍中任職，尤其後來創業時要產品品質的要求，如果沒有達到自我的要求，即使消費者沒發現，我也無法讓產品出廠上市。

而社會上各行各業很多頂尖的人才，因為從小一味被要求分數和考好成績，許多這樣的孩子長大之後，性格和意識中，一味的要求超越別人，只要能超越別人，往往不惜犧牲朋友、犧牲家人、犧牲良心，犧牲一切去追求成功，這樣的人為了追求人生高峰，以名與利做為一切的價值，就算真的追求到財富和成就了，也因為做事過程中的很多手段，造成成功後的失敗，這只要看新聞，事情就可以瞭解了，這樣只在名利中生活的人，人生是否會有真的幸福？

4 學習應有免於恐懼的自由

考試、分數、成績可以成就孩子，也可以打擊孩子，
但學習應有免於恐懼的自由。

孩子在學習過程中，遇到學習障礙導致成績不好，往往冰凍三尺非一日之寒。孩子考試成績之所以不好，往往從學習開始，基礎就沒有打好，而課程的安排卻都是由淺到深，由易到難的。如果一開始學不好，以後隨著課業不斷的加重，成績必然每況愈下，累積了幾年之後，只能說從根爛起，這時每上一堂課，對孩子來說，上課時間都如坐針氈，坐立難安，因為在一個學習的群體中不會讀書的孩子是異類，自我感覺很孤立。這種情況下，上課學習對這個孩子來說，每天都很恐懼，每天都是壓力。

對於這樣的孩子，每學習一天，被打擊的情況就加重一些，這些得不到鼓勵被不斷被打擊的孩子，就如同生長中得不到水灌溉的草一樣枯死，打擊

只能讓一個孩子喪失自信成為懦夫，變成無能的人。放縱或許會使一個孩子沒有成就，但打擊卻會毀掉一個人。這個孩子其實置身在恐懼的學習環境之中，此時父母和學校如果沒有給他一條可以走的學習道路，對孩子的傷害往往難以估計。

孩子在學習過程中往往會有許多問題，這些問題除了課業的還有身體的和心靈的。因為成長使人由原本到單純到複雜，在他們感到「難受」、「失望」、「壓力」、「無助」時，身為父母或老師的人是否注意過孩子身心的變化？是否分析或找出問題的根源？是否為孩子提供了解決的步驟和方法？有沒有給孩子一條可以解決困擾的道路。不管是引導或是明示，做父母師長的是否面對孩子心靈成長問題時，給了他們清楚而明確的人生方向？

在孩子不斷受打擊和壓力下，這個孩子是否還有可以賞識和值得稱讚鼓勵的地方？天生我材必有用，沒有一個孩子來到世上是沒有優點的，那怕他的優點只是天真無心的微笑，一個純真的微笑也一樣能撫慰人生苦難的。所以每個孩子都有被讚賞的地方，不要因為僅僅只是成績不好，就否定孩子一切所做的價值。

一個人一生是否幸福，往往取決這個人有著什麼樣的性格，如何培養孩子有良好而陽光的性格，遠遠比培養好他的成績，對人生的幸福來說更重要。

有著陽光性格的孩子，長大之後對所遇到的事情，處理態度往往比較正面和積極，對待周圍人也較和善，而陽光性格的養成和小時候是否受到過度的壓力和打擊以及是否被認同和讚賞有著絕對的關係。

人生成就很多元，重點是孩子在學習過程中，應有免於恐懼的自由。

5 要教出好孩子，先學做好父母

父母的身教，言教，育兒觀念和方法，

決定能不能教出好孩子。

孩子從出生開始，隨著不斷的長大，為適應社會生存法則也不斷的學習，家庭是培養嬰兒能力的最初場所，而母親更是蘊育孩子和教養孩子最初和最重要的老師。人們常說：「三歲看大，七歲看老。」可見七歲之前的教育對一個人的成長與後來的成就影響有多大。

嬰兒從出生開始，原本是一張白紙，要怎麼塑造他的人生，要怎麼彩繪他的人生，最初的老師——家庭，尤其是父母其實是最關鍵的因素。

如果你把一隻猴子帶回家，每天訓練牠站立，三個月之後，牠一定能站立；如果你訓練一隻狗成為警犬，也只要訓練三個月牠就有打擊罪犯的能力，動物因為環境的訓練就能得到成果，何況是人。

在家庭中父母如何教育自己的孩子？除了各種書藉知識的言教之外，最重要的還是身教。父母本身的行為模式，由於朝夕相處，耳濡目染，即使父母不必言傳，孩子也會學得七八分樣。例如父母親都是賭徒，或父親是賭徒，或母親是賭徒，孩子在這樣的環境下成長，也很容易變成賭徒；又如父母是有暴力行為，孩子有暴力行為的機率也很大……這些都是因為父母的身教直接影響孩子。

同樣父母好的行為和好的教養，積極的人生觀，有為有守的價值觀，小到生活習慣，大到行為模式，孩子無一不是以父母的行為當作自己模仿對象。

除了父母的行為之外，父母教育子女的觀念也決定了能不能教出好孩子。一切事情的發展都是先有其因，然後才有其果，如果最初沒有種下那種因，也不會結那種果。以育兒觀念來說，如果父母喜歡追求物質享受，享受錦衣玉食，好逸惡勞，孩子的行為模式從小耳濡目染也會有相同的習性；如果父母從小教小孩拉小提琴，經過三五年的訓練，孩子縱然不能成為小提琴家，但對感受小提琴音樂的愉悅，也有欣賞和感受的能力。

如果你灌輸給孩子的觀念也是追求名和利，孩子往往變成名利之徒；如

果父母對音樂、美術人文精神內容重視，教給孩子的也相對重視音樂，美術和人文精神的內涵。來自家庭和父母的影響，對教育小孩來說，有著最初決定性的影響。

基於以上的瞭解，如果你的孩子偷東西，身為父母的除了要在外找尋孩子偷竊行為的因素之外，也要反省自身行為是否失當；給孩子一個溫暖愉快的環境，讓孩子從小在一個正確觀念和快樂環境中成長，相信這是給孩子最好的生長環境。

要求孩子做個好孩子之前，請身為父母的想想，自己是不是一個好父母，自己的觀念行為是否給了孩子好的示範教育。

6 網路帶來世界大舞台

網路到那裡，機會就在那裡！
讓你的才華盡情在雲端展現！

網路的無遠弗屆，全世界已成了地球村，這是一個雲端的年代。雲端，是一個超級大舞台，世界上只要有網路的地方，就有的共同舞台。只要你有才華，只要你有實力，只要你有特色，就不怕才華被埋沒，透過網路雲端就可以在全世界的面前，盡情的演出你的才華。

英國的蘇珊大嬸，只是一位身材臃腫，年歲半老的市井大嬸，大嬸如果不是生活在這個有網路的年代，以她的容貌和年紀，想要在世界歌壇中成為知名人物，那是絕對不可能的，但在這個有網路就有通路的年代，熱愛歌唱的她，即使不被全世界的唱片經紀公司接受，但是在網路youtube上，她盡情唱著她的歌，只是為熱愛而唱歌，但她的好歌聲和熱情，感染了每一個聽她唱歌的人，她的粉絲也從少數到多數，從小鄉鎮到全世界，暴量的點閱率，讓她一夕成名，現在幾乎已成各大演藝公司的常客，而成就和金錢收入，也早已超出她想像的數量了。

台灣也有個蘇珊大嬸，他的歌聲也是在youtube暴紅，然後進運美國的，那位知名歌者就是林育群。林育群本來只在唱片公司當個工讀生，月薪是以每小時95元計算的，但他熱愛唱歌，曾報名現在最流行的星光大道選秀節目，但他參加了幾次，就被人家打下來了，雖然他被節目淘汰，也許是他長相不討好，也許是他歌聲討不到評審的好感，但是他卻沒有因此放棄自己的熱愛，還是堅持唱歌，在不想孤芳自賞的情況下，為了尋找天涯的知音，所以他也在youtube中大現他的歌喉，沒想到的是，他高吭的歌聲，立刻引來了海外音樂人……尤其是美國的關注，於是林育群，小胖就這樣從美國紅回了台灣，接著便和唱片公司簽下年薪千萬的經紀約。

雲端年代，還有不計其數的人在網路上成功，由以上這個例子可以知道，在這個網路年代，不怕你的興趣和能力是小眾市場，因為即使再小眾，海畔也有逐臭之夫，網路讓你找到同好的人，人家也可以在網路上可以找到您，而你的才能就可以為你同好的服務，樂在同好中的工作，既尊重了自己的興趣和愛好，又可以賺到錢，還可以肯定自己存活的價值。

由以上的例子看來，教育對於不會讀書的孩子，不一定要強用分數來要求孩子，可以選擇尊重孩子的興趣來為孩子做學習規劃，即使不是主流學習科目，但對孩子來說，只有做他自己喜歡和興趣的工作，才能不以工作為苦，並且樂在工作，況且未來的年代，如何展現個人獨特的才能，來換取生命的價值，有網路這個世界大舞台可以盡情發揮，所以教育也應隨著時代進入雲端教育概念。

第六部　感謝

也許你記得，

也許你忘記，

是你的溫情照亮我的生命！

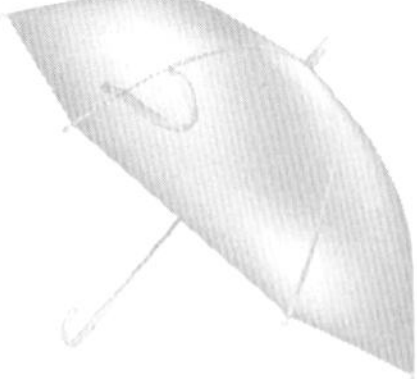

人生之中，從小到大，不管是生活的挫折還是心裡的低潮，總是大大小小不斷，一路走來總有許多貴人相助，不論是求學、當兵、失業、兒子就醫、創業、創協會，各個階段，我總覺得身邊總是有很多貴人在……。也許您還記得，也許已忘記！但每位幫助過我的貴人，我都會牢牢記住，並且在內心裡跟您說聲謝謝！由於有您的幫忙，才有現在的我，要感謝的人很多，除了特別記下幾位，其它的就和陳之藩一樣…謝天吧！

1 感謝父母不以分數要求我

父母的慈愛是我最大的貴人！

大部分的父母，都會以分數要求孩子，有許多同學，即使考九十分，回到家裡不是等著領父母給的獎品，而是等著被責罵：「你為什麼要這麼粗心、你為什麼不多用功一點、你為什麼要這麼愛玩……你看隔壁的ＸＸ都考一百分；你看Ｘ同學的分數ＸＸＸ，……。」都是一連串的責罵，都是一連串的要求，這樣的父母是為了孩子好？還是扼殺孩子讀書的樂趣？還是為了自己的面子和虛榮？身為現代父母，真的對孩子用心，就要仔細思索這些問題，免得想幫助孩子，卻反而害了孩子！

由於父母對我的培育，是以我的個人特質和能力，尊重我想要做的工作來教學，而不是在乎我在同學之間，或在鄰里間的毀譽，當別人家的孩子，都考上建中，考上北一女，每種成績都一百分，而我的成績六十分都不到，

還時常留級，爸媽沒有給過我一句難堪的話，也沒有給過我一點點責任，有的只是安慰，有的只是鼓勵，用靜靜的等待和默默的支持，做我人生的後頓，讓我安心的去追求自己的天空，所以這些，在每日每夜裡，在內心深處，我除了慶幸自己有對這麼有智慧的父母之外，更感謝他們尊重我生命的自主權，讓我依著自己的意願，任意彩繪人生！

◆作者與父親（天才老爹）葉懷蓁生前最後一次合照——于宜蘭道教總廟

當了父母才知父母恩，兒子在國小及國中時是個成績優秀的好學生，到了高中開始叛逆，高中三年，跟我一樣，成績也是滿江紅，我太太曾經因他的頹廢而難過的幾乎抓狂，但值得一提的是，我兒子遇到了一位難得的好導師使他很平安的渡過高中三年。大學是選系不選校的唸了他喜歡的科系，而且特地挑了個外縣市的大學，我太太的用意是可以名正言順的將他放遠一點，讓他自己打理一切，學習獨立，突然間發現兒子變了，變得懂事、變得節省。那種感覺真像在洗三溫暖，也讓我想起了爸媽的寬容與等待的智慧！

父母的寬容與等待的智慧，已是我們家的傳家寶，可以幫助很多父母與小孩化解對立危機！我不能藏私，我要把他寫成一本書，感恩在天上的父親！幫助更多「不會讀書的孩子」！

2 感謝那一雙手

你那一雙世界上最美麗的手，幸福了我的一生！

第一次見到妳，那是在我們相親的客廳，從進門入坐開始，我足足等了半個鐘頭卻不見妳的出現，我好緊張，心中問了無數次的為什麼？想想既來來之則安之。終於你打開房門了，妳出來了，但妳是往反方向而去，我看到的是妳的背影，我心涼了一半，心中又出現好多為什麼？彷彿經過好幾個世紀，我們終於見面了，妳那大大的雙眼，淺淺的笑意，顫動了我的心。後來知道，當天妳並不曉得我會來，所以耍了一下大小姐脾氣，不過姻緣天註定，妳註定要讓我牽妳的手過一輩子！

上天真的賜給我這個姻緣，女主角不顧父母的憂慮，不選多金男，選擇了我這個以軍人為職業的凡夫。對於女主角選擇我的肯定，我想用一生牽緊她的手回報她。

結婚後她除了善盡人妻的責任之外，溫婉的性情，和永遠支持與諒解我的心，讓我倍感家庭的溫暖，尤其是她的一雙手，我每天看著她的那雙手，為我做三餐，為我洗衣，為我操持家務，從早到晚，那雙手總是做個不停，尤其是孩子出世後，有時看她已忙了一整天，看我回到家，她那雙手還不忘為我拿好換洗的衣服催我去洗澡。其實她只要動口叫我自理或者根本不理會我就行了，但是她那雙手總是為我把每件事做好。

隨著孩子心臟病的問題，我們四處奔波，她那雙手為我做的就更多了；兒子開刀後開始創業，除了原來的家務之外，還要整理貨物，打包，寄貨，作帳……整天忙進忙出，一年到頭都看到她那雙操勞不止的雙手。還記得她懷第二胎時，有一天我忙著處理外面的事，把剛進來的貨堆在樓下門口，當我回來時，看見貨都快搬光了，——她正挺著六個月的大肚子，那雙手還抱著大大一包雨衣，步履蹣跚的一步一步吃力地往四樓爬，剎時看得我的眼淚都掉下來了，為什麼她那雙手能這麼無怨無悔的為我做這麼多？

她的賢慧除了勤勞之外，心量之大也是一般女人所沒有的。還記得女兒

出生時，我正擔任開心協會理事長，為了替協會爭取一項非常重要且難得的資源——宏廣公司以企業回饋社會的精神，完全免費為協會設計LOGO及7500份協會簡介與文宣。為此我不能陪她在醫院待產，讓她一個人獨自在醫院生產！等我處理好公事回到醫院，孩子已生下來了，我因為不能陪伴在她身旁滿懷歉疚，她不但沒有埋怨，沒有指責，也沒有生氣，還提醒我趕緊向宏廣公司報平安及謝恩！

從相親到現在，經過了這麼多年，我已習慣有她打理一切的日子，日常生活中幾乎沒有一件事可以少得了她，現在與其說我是她老公，不如說我是超黏她的大孩子。在我內心深處，真的感謝那雙為我做了這麼多事情的手，即使歲月的痕跡已讓那雙細白的手添加了縐紋和斑點，但在我看來這雙手的美超出了一切。我誠心的想說：感謝老婆，你是我一生最大的貴人，打從相親時看到妳的第一眼，我就認定妳是我要的新娘！今生今世唯一的新娘，能夠娶到妳，是葉家最大的福氣！即使再世輪迴，我還要牽緊你的手！也誠心希望天下有情人，都能珍惜身邊最親愛的人！

3 感謝這個好的年代，一個永不退休的年代！

退休後的你開心嗎？退休後你想開創新人生嗎？歡迎你一起來加入中華民國關懷心臟病童協會當「開心義工」，………

退休，對大部份的上班族來說，代表從此不必打卡，不必朝九晚五上班了，可以過自己清閒的生活了，這也代表自己漸漸老了，但我以為這樣定義退休的想法，不是很好。

孟子說：「何必言利，唯仁義而已。」而不會讀書的小孩葉宗林卻說：「何必退休，活著就是做而已！」對於現在這個高齡化而開放的年代，我的感覺真的好到不行，因為現在是一個只要心不老，永遠都不必退休的年代。

生活是一種態度，許多人一生的目標除了養兒育女之外，就是為了養老，為了退休後的生活在努力，而大多數的人對於退休後的生活也充滿了各式各樣的憧憬和夢想，例如，每天爬爬山，渡假，甚至環遊世界，也有人想隱居山林……。總之，人好像一退休就準備享受餘生不須做事似的。這樣退休的定義似乎是：退休要準備好很多錢，有了錢就能享受衣食不缺，然後到老死前有那筆錢吃穿就行了。

但退休真的須要這樣定義嗎？退休與其說是養家工作寫下句點，不如說責任和義務的完成，退休前可能為了子女家庭，不得不去擔負生活的責任，工作首要是為了維持家人的生養所需，而退休後呢？退休是可以不必為了責任而工作，可以真正為了自己想做的去活。因為生命並沒有退不退休這件事，如果一定要有，那就是結束生命不用再活的意思，否則以實相來說，一個人的衰老是通常是漸進的，在現代醫療技術發達下，平均壽命已接近80歲了，退休前和退休後，差別並不會大到完全不能工作，如果一個人的精力還是十分壯盛，那麼面對退休後終日無所事事的生活，他的精神和體力要安放在那裡？一個人的精神和體力如果沒有可以，例如工作這樣釋放的目標，那麼就這個人來說，他的慾望和細微的無聊，反倒容易讓他產生許多妄念，做出許多傻事，詐騙集團特別愛騙老人，就是了解老人終日無聊的心態，忽然接到詐騙者的劇本時，很容易隨著說話去起舞，於是便落入詐騙者的圈套。

因此可以了解所謂退休，只是自己不須為責任而工作，代表了可以為自己而工作了。生活，沒有所謂的退休生活，有的只是了另一種方式去生活而已。

◆作者於清境農場

在這個多元的年代，生命的價值是珍視活著的每一天，沒有誰規定退休就不能有工作？既然認為退休只是另一種生活方式，那這個方式要怎麼過才能活得更快樂？首先如果你想要的是開一家五星級飯店，那你可能要準備二十億資金才夠，但如果你要的是擺個小攤販，賣烤地瓜、車輪餅，那你可能只要二萬元，但或許你可以每天只賣最好吃、品質最好的烤地瓜，一天限量100份，賣完就收工，客人喜歡，你也喜歡，分秒樂在其中，這也是一種選擇的退休生活。

以我自己來說，雖然自創的晨揚雨衣和眾多的企業來比，也許不值一提，但是因為這是一份我自己愛好的工作，自己創造的行業，在工作中開發，在工作中成長，在工作中樂趣，這其中的趣味，不僅僅是微薄的收入可以說盡的，因它而給我的快樂，真的不是金錢可以衡量的。

◆開心義工—開心禮物

目前的我除了整天埋首在晨揚雨衣的再進步，再研發裡之外，我另一個企圖就是盡我自己的力量，為社會公益盡力。而後者這項更是我終身的職志，對於社會公益那怕自己所能盡的力，僅是公益巨輪下微薄的一小步，但我仍要用盡畢生力氣，為這一小步奮力向前。不但要自己奮力，還要盡可能的找人來幫忙，一起用力，為補天地間的缺憾，盡一點小小的個人之力。

朋友，退休後的你開心嗎？退休後你想開創新人生嗎？歡迎你一起來加入中華民國心臟關懷協會當「開心義工」，身為一個「開心義工」可以給自己及家人最珍貴的「開心禮物」！

◆「君臨天下」大廳喝咖啡

關於退休，其實可以真誠自在過生活，退休是要過屬於自己的新人生，二十一世紀是老年人的時代，美國十九世紀的偉大詩人惠特曼曾寫道：

有兩個人在走路，
一位年輕的很漂亮，
另一位年老的更漂亮。

為什麼老的比年輕的更漂亮？原來，老人有各式各樣的人生體驗，酸、甜、苦、辣皆嘗盡，蘊涵了豐富的內在智慧。所以，人老了，更要有充分的自信，用開活的心胸，和寬大的關懷，樂意將經驗與他人分享，樂於傳承和提攜年輕人，這受人歡迎的魅力絕不會輸給年輕人，銀髮族的生活可以是多采多姿的，只要把握生命中的每一瞬間，認真生活，時時不忘為周圍的人謀幸福，人生雖有終點，但學習是永無止境的，老年人仍可以努力，把握大好時光，發揮生命的價值，讓生命的源頭再度湧現，真正去體驗，退休後才是自由生活的開始，才是新生命的開始。

國家圖書館出版品預行編目資料

不會讀書的孩子 / 葉宗林 著 --初版--
臺北市：少年兒童出版社：2016.8

ISBN：978-986-93356-1-4（平裝）
1.親職教育 2.子女教育
528.2 105011477

學習成長 01

不會讀書的孩子

作　　者：葉宗林
編　　輯：張加君
美　　編：林育雯
封面設計：林育雯
出 版 者：少年兒童出版社
發　　行：博客思出版社
地　　址：台北市中正區重慶南路1段121號8樓之14
電　　話：(02)2331-1675或(02)2331-1691
傳　　真：(02)2382-6225
E—MAIL：books5w@yahoo.com.tw或books5w@gmail.com
網路書店：http://bookstv.com.tw/ http://store.pchome.com.tw/yesbooks/
華文網路書店、三民書局
博客來網路書店 http://www.books.com.tw
總 經 銷：成信文化事業股份有限公司
電　　話：02-2219-2080　傳 真：02-2219-2180
劃撥戶名：蘭臺出版社 帳號：18995335
香港代理：香港聯合零售有限公司
地　　址：香港新界大蒲汀麗路36號中華商務印刷大樓
C&C Building, 36,Ting, Lai, Road, Tai,Po, New,Territories
電　　話：(852)2150-2100　傳真：(852)2356-0735
總 經 銷：廈門外圖集團有限公司
地　　址：廈門市湖裡區悅華路8號4樓
電　　話：86-592-2230177　傳 真：86-592-5365089
出版日期：2016年8月 初版
定　　價：新臺幣250元整（平裝）
ISBN：978-986-93356-1-4

中華民國關懷心臟病童協會

02-2875 - 4965

哦~抱起我~ 是救了我